홍대 미대 **김거수** 교수와

이탈리아 디자인 여행, 그 발견의 기쁨

With Professor Kim of Hongik University
Italian Design
Journey, The Joy of Discovery

김거수 지음

Dmar BOOKS

Italian
Design Journey, The Joy of Discovery
이탈리아 디자인 여행, 그 발견의 기쁨

초판 1쇄 발행 2023년 12월 15일

지은이	·	김 거 수
펴낸곳	·	도서출판 드마북스
출판등록	·	2012년 6월 29일 제 105-81-69021
주소	·	서울시 강남구 역삼동 644-1 삼아빌딩 5층
이메일	·	likenice@gmail.com
전화	·	02-555-4514

편집장 · 김용준   기획지원 · 정수지   디자인 · 드마북스   글, 사진 · 김거수
마케팅 · 김용빈, 김지혜, 김라희,   표지디자인 · 드마디자인

잘못된 책은 구입한 서점에서 바꿔 드립니다.
이 책에 실린 모든 내용, 디자인 이미지, 출처가 표시된 사진 이외의 모든 사진, 편집 구성의 저작권은 (주)도서출판 드마북스와 저자에게 있습니다. 정가는 뒤표지에 있습니다. 허락 없이 복제하거나 다른 매체에 옮겨 실을 수 없습니다.

ISBN 978-89-969152-4-9   93920
ⓒ 김거수 2023

홍대 미대 **김거수** 교수와

이탈리아 디자인 여행, 그 발견의 기쁨

With Professor Kim of Hongik University
**Italian Design
Journey, The Joy of Discovery**

들어가는 말

1. 여행, 언제나 디자인   020
    여행과 디자인의 관계, 그리고 혜택   022
    그 시기에 맞는 여행=디자인   023

       터키항공 벽면에 HSBC 로고타이프 디자인   025
       프랙털디자인   026
       공항 루이비통 미디어 파사드   027
       이스탄불 초콜릿 패키지디자인   028
       이미지가 이미 프라이머리 디자인   029
       "너의 훌륭한 디자인 스승은 어디에 있어요?"   030
       "패키지디자인은 평면이 아니잖아!"   031

2. 여행, 밀라노 디자인   034
    세련된 디자인과 멋의 매력; 밀라노   036
    밀라노 디자인의 우수한 특징   037

       밀라노 대성당과 디자인   042
       레오나르도 다빈치 & '4명의 수제자   044
       명품 그 자체 유리 '아케이드   047
       100배 '줌'zoom이 주는 새로운 세상!   049
       레오나르도 다빈치 vs 미켈란젤로 누가 더 위대해?   050
       밀라노 경찰관 유니폼 디자인   052
       밀라노 거리 위에 모두가 패션 디자인   053
       심미적 레이아웃의 비밀; 조명 디자인   054
       빛을 내는 '조형적 선'으로서의 조명 디자인   055
       밀라노 그래픽 디자인   056
       인종차별 포스터 디자인이 아니다!   057

3. 이 세상 가장 독특한 도시, 베네치아   058
    왜? 베네치아 예술 디자인 전시와 행사   060
    독특한 시각과 향기의 매력, 베네치아   062

       베네치아라는 존재가 주는 혜택   067
       아름다운 외관을 활용한 디자인 마케팅   069
       곤돌라와 곤돌리에레의 '산타 루치아 & 산 마르코 종탑 전망대   071
       베니스 비엔날레 로고 디자인   075
       원래 그림은 '멀리서 어렴풋이 감상'하는 것이잖아.   077
       과거에는 볼 수 없었던 예술과 이유 & 산 마르코 대성당   078
       양념갈비보다 생갈비가 비싼 이유?   080
       뒤엣것(포스터)을 앞엣것(건축물) 위에 전달하는 방법   081
       산 토다로와 산 마르코의 수호성인이자 베네치아 국가의 상징   082
       세계 최초의 카페 & 플로리안 인테리어 디자인 상원 의원의 방   084
       베네치아에서 롤렉스를 보여주는 방식   086
       유리공예도 유명하고 가면축제도 있고...   087
       레스토랑에서 디자인 관찰   088
       참 쉽지요! 현수막 디자인   089

4. 르네상스 여행, 피렌체 디자인   090
    문화예술의 낭만적 매력, 피렌체   092
    피렌체의 문화유산, 피렌체 브랜드   093

       피렌체 두오모   097
       피렌체 대성당 두오모   098
       화려한 대리석 위에 숭고함   099
       조각 그 이상의 의미, 미켈란젤로의 다윗   101
       코시모 1세   102
       포세이돈'이 '넵툰'이다.   103
       메디치 가문 덕분   104
       베키오 궁'은 안뜰까지만   105
       가장 아름다운 시뇨리아 광장   106
       길거리 공사 가벽도 예술   107
       세계 최다 미술품 소장, 우피치 미술관   108
       우피치 광장, 두 달 동안 매일 영화제   109
       '거리 예술가들'이라 부르면 적절하지 않다.   110
       보티첼리 비너스의 탄생 앞치마   111

5. 인류 & 유럽의 대표 도시, 로마 … 114
역사 종합선물 세트가 주는 매력, 로마 … 116
고대와 현대의 조화, 로마 디자인 … 117

- 미켈란젤로의 '최후의 심판 & 시스티나 대향당 … 121
- '피에타의 미켈란젤로와 바로크의 거장 '베르니니' … 125
- '라오콘 군상과 '동물의 방' … 127
- 대리석으로 그린 그림 … 129
- 성 베드로 성당과 르네상스맨'미켈란젤로, 베르니니 … 130
- '판테온'과 지름 44미터 넘는 천장 돔의 신비한 빛 구멍 … 132
- 분수와 스페인 계단 … 134
- '캄피돌리오' 광장. 저 아저씨가 관광이다. … 135
- 세계에서 제일 유명한 '트레비 분수와 니콜라 살비' … 136
- 이탈리아의 상징, 로마의 상징. 콜로세움 … 138
- 로마, 레오나르도 다빈치 공항의 '콜로세움 루이비통' … 139

6. 고대 멸망한 휴양도시, 폼페이 … 140
발견, 발굴의 진행형이 주는 매력, 폼페이 … 142
디자이너 관점에서 본 폼페이 공간의 원칙 … 143

- 베수비오 화산 … 144
- 폼페이 '산과 구름' … 146
- 브랜드 심볼 디자인, '먼저 본 놈이 임자' … 147
- 고대 폼페이, 마찻길과 인도 … 148
- 타이포그래피 위계 디자인 … 149
- 박물관 '작품 안내판' 디자인 … 150
- 이거 기말 프로젝트 과제로 만들어 볼래? A+각 충분하다. … 151
- 사상 최대의 화산폭발, 한 순간의 참극 … 152
- 아기 '인간 화석' … 153

7. 지상낙원 휴양도시, 카프리섬 … 154
삶의 낙원 같은 휴식을 주는 매력, 카프리 … 156
카프리가 디자인에 미치는 영향 … 159

- 소렌토 바다 절벽과 저택 … 169
- 데이비드 호크니David Hockney를 발견 … 170
- 지중해 보석 카프리섬Capri Island과 에메랄드 바다 … 171
- 지상 낙원 카프리섬 … 172
- 가장 즐겁고 행복해했었다. … 174
- 올라가면 등산이고 내려오면 해수욕이다. … 175
- 뒤는 기암절벽, 앞은 푸른 지중해 바다 … 170
- 카프리에 매일 오는 즐거운 인생들 … 170
- 3D 입체 공간 위에 2D 그래픽 디자인 표현 방법 … 176
- 양말도 패턴도, 또 종이 라벨도 이탈리아 디자인 … 177
- 죽어서도 카프리섬과 82세 '꼴리이그'; 친구 … 178

Appendix 1.
8. 가장 큰 발견, 폰타지오네 프라다 … 182
미우치아 프라다와 렘 콜하스의 만남 & 시너지 … 184
폰타지오네 프라다가 세계에 준 선물 … 187

- 디자인의 끝판왕! … 191
- 금으로 덮은 건물이다.& 매일 오후 반짝반짝 빛나게… … 192
- 프라다의 100년을 축하하며 헌티드 하우스 … 194
- '포디움'에 대한 브랜드 경험 … 195
- 무엇인지 모르게 함을 통한 크리에이티브 … 196
- 먼저 알지 못할 정도의 당혹감과 신선함 … 197

Appendix 2.
세계 디자인 경연징, 베니스 비엔날레 … 198
비엔날레의 목적과 효과 … 200
비엔날레의 메인홀, 아레나 … 201

- 베니스 비엔날레의 첫 번째로 인상적이었던 공간 … 206
- 베니스 비엔날레에서 두 번째로 인상적이었던 공간 … 207
- 전시물(대상)에 대한 치환과 응용 훈련 … 208
- 홍보관을 보여주는 방법 … 209
- 베니스 비엔날레에서 세 번째로 인상적이었던 공간 … 210
- 이 공간은 정말 그대로 옮기고 싶었다. … 211
- 좋은 감동은 오래 기념하게 해야 한다. … 212
- 기념도 목적이지만 결국은 홍보와 브랜딩이다. … 213

감사의 말 … 220

맺음 말 … 216

들어가는 말

[들어가는 말]

이 책은 누구를 위한 책인가?

여행을 사랑하고, 그 여정을 더욱 풍성하고 의미 있게 만들고 싶은 모든 이들, 여행을 통해 새로운 경험을 추구하는 이들, 또는 독특하고 다양한 여행 방식을 찾고 있는 이들에게 이 책은 큰 도움이 될 것이다.

물론, 디자인을 전공하는 학생이나, 디자인에 관심 있는 직장인, 그리고 디자인에 열정적인 일반인들에게도 좋은 선택이 될 것이다.
여행이 곧 디자인과 동의어임을 알고, 그 멋진 매력에 푹 빠지게 될 디자인 마니아들, 그리고 도시 브랜딩에 관심이 있는 지자체 공무원들에게도 이 책을 강력히 추천한다.

또한 이 책은 스스로가 개성 있는 차별화를 언제나 추구하는 사람들, "'여행은 쉬고 노는 것'이 아니라, '유익한 자기 계발이며 디자인 공부다'" 라며 스스로 합리화할 수 있는 사람들, 명분과 실리를 모두 챙기고자 하는 경제관념이 투철한 모든 사람들을 위한 책이다.

"세계는 한 권의 책이다. 여행하지 않는 사람은 그 책의 한 페이지만 읽는 것과 같다."
"The world is a book and those who do not travel read only one page."

생 어거스틴 Saint Augustine 354~430

왜 이탈리아 일까?

디자이너의 이탈리아 여행은 시간 투자에 비해 효율성이 매우 높다. 세상에 가장 특이하고 마법 같은 도시 베네치아가 있고 세련된 패션의 중심도시 밀라노, 유럽의 영혼이자 상징과도 같은 도시 로마와, 르네상스 역사 문화 예술의 도시 피렌체, 그리고 아름다운 지중해의 보석 같은 도시 나폴리, 폼페이, 소렌토와 카프리 섬이 그리 멀지 않은 곳에 모여 있어 이탈리아의 다양한 매력을 한 번에 느낄 수 있는 국가이기 때문이다.

이탈리아는 세계에서 여행에 가장 특화된 완벽한 국가라고 해도 과언이 아니다. 그 오랜 역사를 통해 축적한 지상 최고의 문화 예술 디자인이 거리에 널려 있다. 그래서 이탈리아다.

이탈리아는 그동안 수많은 사람들에게 끝없는 디자인적 직관을 주는 '예술의 스승'으로서의 역할을 담당해 왔다. 모든 이에게 경이로움을 선사하는 아름다움, 그리고 깊은 교훈을 주는 이탈리아를, 나의 소중한 독자들과 가장 먼저 나누고 싶었다.

이탈리아 여행과 디자인을 통해 독자들의 마음에도 새로운 영감과 감동으로 가득하긴 진심으로 바란다.

[들어가는 말]

여행을 해야하는 이유

여행이 세상의 고통을 잠시 잊게 해준다.
여행은 내가 사는 삶과 다른 삶을 보여준다.
여행은 다른 삶을 사람들과 얘기할 수 있는 기회를 준다.
여행은 그로 인해 내 삶의 태도를 결정하게 해준다.

여행은 새로운 것을 보여준다.
여행은 새로운 생각을 하게 해준다.
여행은 새로운 기쁨을 누리게 해준다.
여행은 잠시 나를 생각할 여유를 준다.
여행은 느슨한 나를 걷게 해준다.
여행은 나를 숨기고 내 행동을 자유롭게 해준다.
여행은 나를 일상의 루틴에서 벗어나 전환 시켜준다.
여행은 스트레스를 해소해 주며 나를 충전 해준다.
여행은 그 충전으로 내 삶에 쉽게 복귀하고 잘 적응하게 해준다.
여행은 내게 창의적 마인드를 준다.
여행은 내게 어려운 문제에 대한 답을 보여주고, 발견하게 해준다.
여행은 중세와 고대로 시간을 이동하게 해준다.

+

여행은 현장에서 실감하게 해준다.

디자인의 정의 & 잘하는 방법

디자인은 책상에 앉아서만 하는 게 아니다.
디자인은 현장에서 보고 응용을 통해 창의적으로 탄생하는 것이다.

디자인은 현장에서 어떤 결과물을 보며 해석하는 것이다.
건축, 포스터, 메뉴판과 같이, 디자인은 무언의 외침으로 존재하며,
그 외침의 소리를 듣고 이해하는 것이다.

디자인은 현장에서 주변 디자인들과 함께 분석하는 것이다.
디자인은 그 주변이 복잡하면 단순한 것이, 또 단순하면 복잡한 것이
눈에 띄게 됨을 알고 그것을 조정하는 것이다.

디자인은 매일 보는 일상 보다 안 보던 더 멋진 현장에서 보는 것이다.
매일 보던 사람이 디자인하는 것보다 새로운 곳에서 다른 사람들의
디자인을 보는 것이 더 새로울 확률이 높다.

디자인은 그런 것들이 쌓이고 융합되어 새롭고 독특한 디자인으로
재탄생된다. 디자인은 결국 여행 속에서 발견하고 성장하는 것이다.

그리고 나의 디자인도 그늘에게 발견 되도록, 그들의 자양분이 되도록
노력해야 한다.

여행, 언제나 디자인

공부의 시작이 책상에 앉는 순간부터가 아니듯, 디자인
공부도 꼭 여행 목적지 도착부터는 아니다.
공항에 발을 디딜 때부터, 그 이전부터 이미 이번 디자인
공부는 시작되었다. 공항의 이국적 포스터를 보고, 그 포스터
를 디자인한 디자이너가 되어 보자.

그 디자이너가 전달하고자 했던 메시지가 무엇인가?
내가 해석하고 전달받은 내용과 명확하게 일치하는가?
은행의 광고 포스터, 초콜릿 패키지디자인, 매장 파사드
디자인과 둘만의 대화를 해 보자. 그리고 그들의 무언의
가르침에 귀 기울여 들어보자!

여행은 정말 배움의 연속이며 언제나 디자인이다.

"진정한 여행의 발견은 새로운 풍경을 보는 것이 아니라 새로운 눈을 갖는 것이다."
"The real voyage of discovery consists not in seeking new landscapes but in having new eyes."

마르셀 프루스트 Marcel Proust 1871-1922

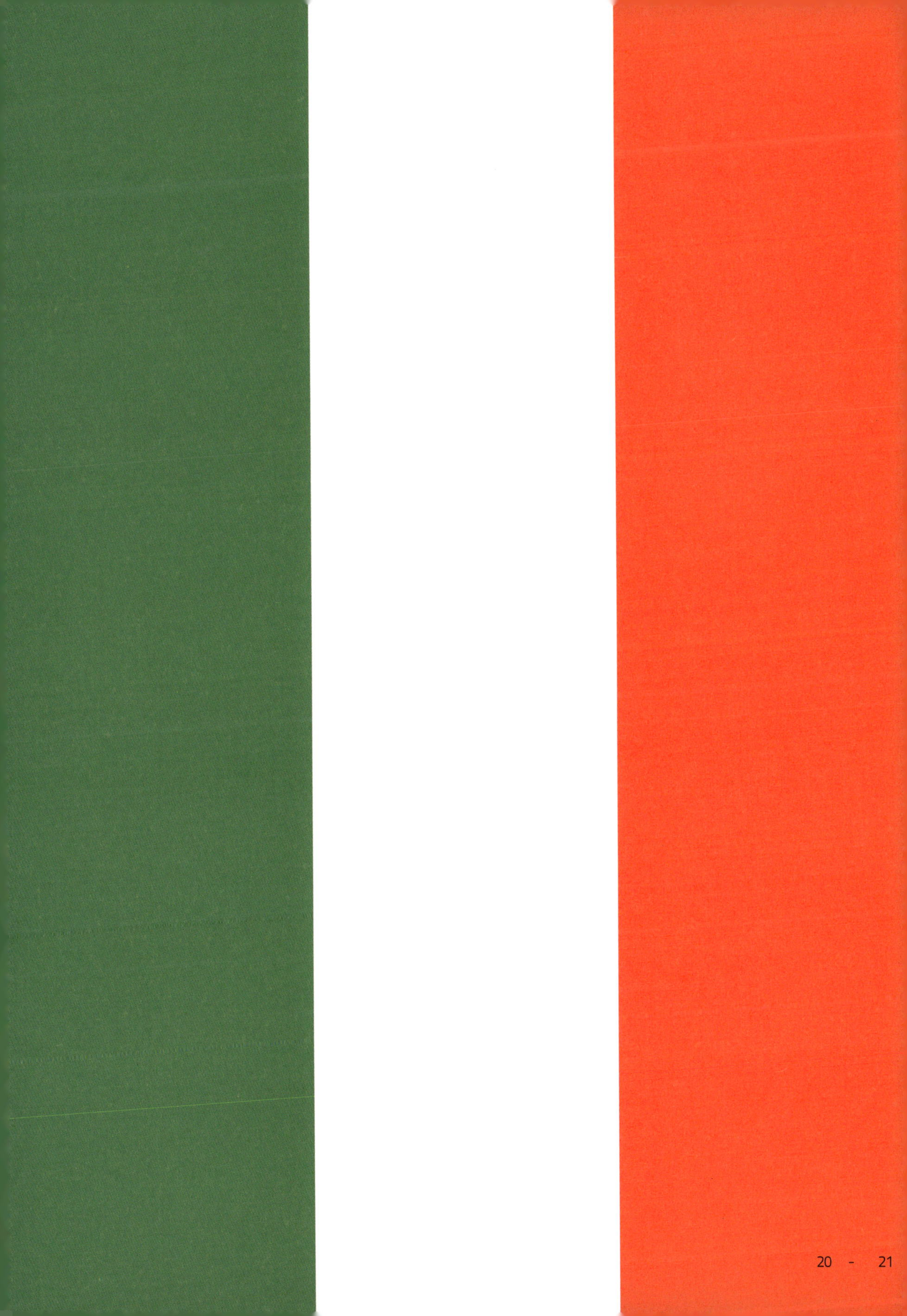

[챕터개요]
여행, 언제나 디자인

여행과 디자인의 관계, 그리고 혜택

+

여행은 훌륭한 디자이너에게 창의력의 원천이자, 삶과 예술을 탐색하는 플랫폼과 같다. 여행을 통해 다양한 문화, 자연, 생활방식을 체험하며, 디자이너는 새로운 감성과 아이디어를 얻게 된다.
여행은 우리에게 더 깊이 있는 시각과 사고에 독창적인 접근 방법을 제공하며, 그들의 창의력을 한 단계 높일 수 있는 발판이 되어준다.

여행은 특히 보는 즐거움이 매우 큰데, 그 '봄'의 대부분은 디자인이다. 멋진 푸른 바다와 절벽, 뭉게구름 같은 자연도 조형이고 디자인이다. 아리스토텔레스부터 레오나르도 다빈치, 미켈란젤로부터 알레산드로 멘디니까지 우리 인간의 선배들은 그들의 생각으로 표현된 그들만의 다양한 형식과 형태의 디자인을 세상에 남겼다. 우리는 그것을 다시 보는 것이다.

+

즉, 보고 또 우리는 디자인을 하는 것이다. 그 멋진 자연과 선조들의 작품을 요약해서 홍보하고 광고하며 소개하는 모든 디자인 말이다. 촬영된 작품 위의 타이포그래피는 소비자의 마음을 움직이는 보다 직접적인 표현이며, 그래픽 디자이너의 창조적인 형용과 감동적인 작품 이미지의 유혹에 의해 소비자는 즐겁게 그들을 소비하게 된다.

이런 창의적 디자인 감각을 제공하는 것이 바로 여행이다.

그 시기에 맞는 여행 = 디자인

행복을 추구하는 것, 그것이 우리 삶의 궁극적 목적이다.
사람은 아름다운 것을 보면 행복을 느낀다. 또 그런 것의 소소한 변화를 보며 걸어도 행복하다. 그리고 평소 경험해 보지 못한 아주 맛있는 음식을 먹어도 행복하다. 각기 조금씩 다른 행복 같지만, 이 세 가지 행복을 한꺼번에 즐길 수 있는 방법이 바로 여행이다.

우리는 대개 디자인에 수동적으로 '당하는' 즐거움을 느끼지만, 역으로 능동적 관찰을 통해 훌륭한 디자인의 비밀을 발견하며 취미든 실력이든 각자의 상황에 맞게 계발을 할 수도 있는데, 그 과정은 더없이 즐겁고 기쁘다.
+
나의 삶의 목적과 즐거운 경험을 사랑하는 독자들에게도 공유하고 싶다. 모두 함께 즐겁고 행복하게 살아보자. 20대의 신비로운 디자인 여행, 30대와 40대의 깊은 디자인 여행, 그리고 60대 이후의 여유로운 디자인 여행으로 각 시기의 독특한 매력을 체험해 보자.

그 시기에 맞는 '여행'Design이 있다.
그 시기에 맞는 '디자인'Travel이 있다.

이번 여행을 다음으로 미루지 말자. 이는 곧 내 인생에 큰 범죄다.

* Istanbul Airport with HSBC Logo Design

* Turkiye Istanbul Airport Museum

터키항공 Turkishairlines 벽면에 HSBC 로고타이프 디자인
여행, 그리고 공항부터 디자인: 튀르키예 디자인, 국가이름 개명은 이번세기 처음.

1. 터키 Turkey 는 영어로 '칠면조', '겁쟁이'란 뜻으로, 외국인들이 자꾸 놀리니깐 열받아서 국가 이름을 '튀르키에' Turkiye '튀르크인의 땅'으로 바꿨다고 한다. 이제 튀르키예 항공이라 불러야 하나? 매번 환승 때문에 튀르키예공항만 세 번째다. 다음엔 꼭 살펴봐야겠다.

    +

    HSBC 로고타이프를 세리프체에서 산세리프체로 리뉴얼한 이유는 디지털 매체에서의 시각적 최적화도 있지만 로고는 무엇보다 디자인 상품의 조연으로서 주연인 메시지나 이미지를 더 명확하게 드러나도록 보조하는 특성을 지니고 있기 때문이다.

2. 이스탄불 공항 내부에 박물관이 있었고, 특별 전시를 하고 있었다. 왕좌의 얼굴 Faces of Throne 을 그림과 동상으로 재미있게 기획했다. 박물관 아이덴티티 디자인 Ministry Identity Design 을 전개하는 수준도 높았고, 박물관 심벌도 터키의 전통적인 문양을 모던하게 잘 해석했다. 상상 속의 왕의 얼굴을 스탠딩 배너와 벽 파사드에 표현하기 위해 의도한 동상 이미지의 비중과 일러스트레이션의 응용된 표현이 주제를 전달함에 부족함이 없도록 했다.

    +

    무엇보다도 Museum의 'M'을 모티브로 스탠딩 배너를, Istanbul의 'I'를 벽 파사드에, 공간을 분리해서 적용했다. 폴 랜드 Paul Rand 가 강조했듯이, 알 듯 모를 듯 '발견의 기쁨'을 제공해 줬다.
    이질적 공간에 시각적 연결이 탁월했다.

프랙털 Fractal 디자인

루이비통 매장을 튀르키예답게 아야 소피아 성당의 프랙털로 꾸몄다. 심미적인 것(소재)은 규칙적으로 정리(프랙털)만으로도 더 멋있고 아름다워지며 시선을 끌게 된다.

+

여기 바로 프랙털 이론이 실제 디자인에 적용된 사례가 있지 않는가.
디자이너는 보는 것이 다 재산이고, 눈에 보이는 것은 모두 지식이 된다.

Fractal: 프랙털이란 작은 구조가 전체 구조와 닮은 형태로 끝없이 되풀이되는 구조를 말한다. 컴퓨터 그래픽 이론에서 출발했으며, 천재 그래픽 아티스트 선구자 '에셔'Escher의 작품에서 자주 등장하는 표현기법이기도 하다.

공항 루이비통 미디어 파사드

루이비통 매장 전면 파사드를 아야 소피아 성당으로 표현함에 큰 고민이 없었을지도 모른다. 그리고 "당신은 지금 세계 최고 이스탄불 공항에 와 있고, 이곳이 아름답다"라며 플레이스 브랜딩을 하고 있다.
+
루이비통은 튀르키예와 일종의 거래를 하고 있는 것처럼 보였다.
디자이너는 숨 쉴 때마다, 눈만 뜨고 있어도 디자인을 공부하는 것이다.

'미디어파사드'는 미디어(media)와 건물 외벽을 뜻하는 파사드(facade)의 합성어로, 건물의 외벽을 스크린으로 만들어 다양한 영상 디자인을 표출하는 것이다.

이스탄불 초콜릿 패키지디자인

디자이너는 분석이지! 공항에서 파는 초콜릿 맛 차이가 커 봐야 얼마나 크겠는가? 여기에도 아야 소피아 대성당과 '열기구' 이미지가 패키지디자인 거의 다 하고 있다. Discover Turkey 카피와 함께…
+
'빨간색이냐, 파란색이냐'를 장식할 대상의 표현으로 허비하지 말자.
색의 가장 중요한 기능은 카테고리의 명확한 구분이다.

이미지가 이미 프라이머리 디자인

한국 패키지디자인도 제품명을 조금 더 작게 점잖게 해도 나쁘지 않을 것이다. 디자이너들이여, 회사에서 '칼퇴근'하려면 디자인의 목적과 순서에 집중하자! 과하게 장식하지 말자, 비우기만 잘해도 된다.
+
잘 준비된 제품의 이미지가 먼저 소비자에게 드러나도록 두자.
패키지디자인에서 중요한 것은 기획된 메시지의 전달 순서다.

Priamry Design: 그래픽(패키지)디자인에서 첫 번째 정보 위계Hierarchy에 해당하며, 디자이너가 포스터나 패키지 디자인과 같은 매체 등을 통해 전달하고자 하는 디자인의 가장 우선순위의 정보를 지칭한다.

"당신의 훌륭한 디자인 스승은 어디에 있어요?"

질문에 대한 답은 의외로 쉽다. 대학교에서 세상 모든 디자인을 배울 수는 없지 않은가? 고급 레스토랑 메뉴판 레이아웃, 공항 면세점 보드카 패키지디자인이 이미 검증된 당신의 훌륭한 스승이다.
+
이런 곳에서 배우는 것이다. 그들이 세상 곳곳에서 소리 없이 당신에게 이미 외치고 있다. "혹시 디자이너세요? 보고 배워 가세요!"

"패키지디자인은 평면이 아니잖아!" GREY GOOSE -VODKA-

내가 만약 보드카를 처음 사게 된다면, 패키지디자인이 가장 예쁜 Grey Goose Vodka일 것이다.
패키지디자인의 가장 큰 매력은 입체적 표현이 가능하다는 것이다.
+
딸기, 복숭아 시리즈로 아주 난리다. "Fiji 투명 생수 용기도 Grey처럼 라벨 안쪽 프린트를 통해 '크리에이티브'를 표현했잖아. 같잖아?!"

여행, 밀라노 디자인

유럽의 중심, 이탈리아 산업의 메카, 서울의 강남 같은 곳으로 생각하면, 밀라노가 어떤지 딱 느낌이 올 것이다.

레오나르도 다빈치가 20년간 열정을 쏟은 공간을 느껴보자. 밀라노 대성당을 중심으로 깔끔하고 품격 높은 명품들의 향연이 펼쳐지는 매력의 도시가 밀라노다.

과거의 유적과 현재의 영광이 담벼락 하나를 사이에 두고 넘나들며, 유럽의 핵심이자 만인의 인기 도시 밀라노가 독특한 매력을 발산하고 있다.

무엇보다 이곳은 폰타지오네 프라다 Fondazione Prada가 존재하신다.

"여행은 언제나 돈의 문제가 아니고 용기의 문제다."
"Travel is never a matter of money but of courage."

파울로 코엘료 Paulo Coelho 1947~

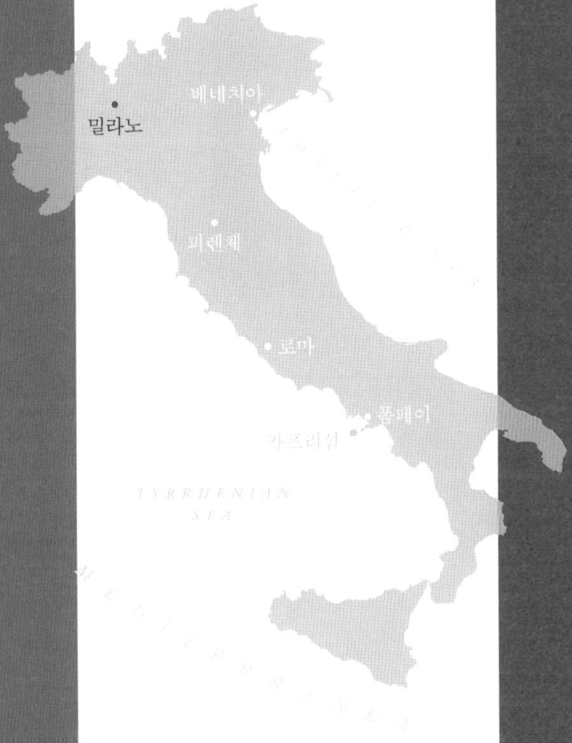

밀라노
베네치아
피렌체
로마
폼페이
카프리섬

TYRRHENIAN
SEA

[챕터개요]
여행, 밀라노 디자인

세련된 디자인과 멋의 매력; 밀라노
+

밀라노는 유럽은 물론 전 세계인의 패션, 디자인, 문화 예술의 중심지다.

밀라노 패션: 밀라노는 뉴욕, 런던, 파리와 함께 세계 '4대 패션도시' 중 하나이다. 조지오 아르마니Giorgio Armani, 프라다Prada, 돌체&가바나Dolce& Gabbana, 베르사체Versace 등 명품 패션 브랜드의 본사와 매장들이 밀라노에 집중적으로 몰려있다.
'이탈리아 패션 멋쟁이'의 좀 더 정확한 표현은 '밀라노 패션 멋쟁이'이다.

디자인과 가구: 밀라노는 현대 디자인과 고급 가구 제조의 중심지로도 유명하다. 매년 열리는 밀라노 디자인 위크와 Salone del Mobile는 세계적으로 가장 주목받는 가구 및 디자인 전시회이며, 무엇보다 아르마니 카사Armani/Casa, 카시나Cassina와 같은 전 세계 가구 디자인 트렌드의 정점에 있는 브랜드들의 본 고장이기도 하다.
강남 인테리어의 메카, 학동역 주변 Molteni&C를 시작으로 세련된 수입 가구와 조명 편집숍에 전시되어 있는 눈부신 디자인 브랜드 대부분이 바로 밀라노 출신이다.

Photo from Milano Fashion Week

밀라노의 미니멀 디자인

1. **밀라노 디자인 스타일:** 밀라노의 디자인은 불필요한 장식을 배제하고 꼭 필요한 요소만을 강조하는 미니멀리즘을 중시하는 경향이 강하다. 세계적으로 찬사를 받고 있는 조명 브랜드 플로스^{Flos}를 비롯하여, 가구 브랜드 B&B ITALIA가 있으며, 건축 인테리어 및 액세서리 디자인 분야에서도 저명한 Piero Lissoni와 같은 디자이너들이 밀라노 미니멀리즘의 심미적 본질을 뽐내며 밀라노 스타일을 완성하고 있다.

2. **혁신적인 컬러 사용:** 밀라노 디자인은 매우 대담하고 대비가 강한 파격적인 컬러 조합을 통해 눈길을 끌기도 하고 때로는 파스텔톤과 강렬한 색상을 함께 사용하여 균형을 잡기도 한다. 이런 파격적인 배색은 밀라노 브랜드들의 세련미를 효과적으로 전달 하고, 그 브랜드 아이덴티티의 독특함을 강조하는 핵심 포인트가 되기도 한다.

Photo from Csssina.com

* 라오콘 상: 몽클레어는 라오콘을 보고 광선검에 관통한 고통으로 해석했다. 또 노란 패딩 재킷을 입기 위한 몸부림 해석하고 있었다. 조상이 라오콘을 만들고 후손까지 대대손손 혜택받고 있다.

* 비너스상: 라오콘상과 함께 나란히 몽클레어 매장 쇼윈도 홍보 투톱으로 나섰다. 광선검과 노란 패딩이 주는 시각적 임팩트의 역할과 힘을 확실하게 발휘하고 있다. 소중히 간직하고 싶은 노란 패딩 재킷.

* Piazza del Duomo-Milano 밀라노 대성당과 두오모 광장

밀라노 대성당 Duomo di Milano
세계에서 네번째로 큰 성당이자 고딕 건축 Gothic architecture 양식의 대명사

1. 뾰족한 첨탑(스피어): 고딕 건축의 가장 대표적인 특징이 뾰족한 첨탑이다. 밀라노 대성당의 첨탑은 수십 개에 이르며, 이 중 가장 높은 첨탑에는 성모 마리아의 동상이 설치되어 있다.

2. 스테인드 글라스: 밀라노 대성당의 스테인드 글라스는 매우 화려하며, 복잡한 디테일과 다양한 색상을 사용한 그림으로 장식되어 있다. 고딕 성당의 대표적 특징인 스테인드 글라스는 주로 성경의 종교적 이야기를 시각적으로 묘사하고 있다. 글 읽기를 몰랐던 대중들에게 그림으로 성경을 설명함이 효과적이기 때문이다.

3. 천장의 높이: 고딕 성당의 주요 특징 중 하나는 바닥부터 천장까지의 높은 공간이다. 이것은 하늘을 향한 영성적 추구를 상징하며, 광대한 내부 공간은 신성한 분위기를 강조하기 위한 디자인 의도이다.

4. 조각과 석상: 성당 전체에 걸쳐 다양한 조각과 석상이 둘러 있다. 이들 역시 스테인드 글라스처럼 성경의 인물과 성서의 이야기 그리고 기독교의 상징들을 현실과 같은 느낌으로 표현하고 있다.

밀라노 대성당은 그 큰 규모와 아름다움으로 세계 고딕 건축의 주요 작품 중 하나로 간주되며, 이탈리아에서는 특히 중요한 역할을 하는 상징적 건축물이다.

* 밀라노 대성당 주변: 햇살이 뜨거울 것 같지만, 밀라노에 있는 모든 사물에 아름다운 색감을 연출해준다. 무엇보다 공기가 습하지 않아서 너무 좋다.

밀라노 대성당과 디자인 Duomo di Milano & Design
도시의 역사와 현대성, 그리고 패션과 문화의 교차점에서 아름다움

1. 패션디자인에 영향: 밀라노 대성당을 구성하고 있는 조형적 요소와 건축 양식은 많은 디자이너들에게 영감을 주었으며, 이러한 영감은 의류, 액세서리, 신발 디자인 등에서도 어렵지 않게 볼 수 있었다. 일부 럭셔리 브랜드는 성낭의 뾰족한 구조나 복잡한 석조 장식에서 영감을 받아 고급스러움과 복잡함을 오묘하게 표현하는 그들의 제품 디자인에 유용하게 활용해 왔다.

2. 그래픽 디자인에 영향: 밀라노 대성당의 디자인 요소는 많은 그래픽 디자이너나 아티스트에게도 영감을 줬다. 이를테면, 포스터 디자인이나 앨범 커버, 그림 등에서 고딕 양식의 서체디자인이나 모티브를 사용하여 중세적이면서도 현대적인 타이포그래피에 응용했다.

3. 제품 디자인에 영향: 특히, 럭셔리한 가구나 조명 제품 디자인에 밀라노 대성당에서 볼 수 있는 뾰족한 첨탑이나 세부 장식을 모티브로 사용하여 제품의 고급스러움과 독특함을 강조하는 모티브로 적절히 사용해 왔다.

이처럼 밀라노 대성당의 디자인 요소는 다양한 현대 디자인 분야에 영향을 미쳐 왔으며, 그 유산은 여전히 새롭게 재해석되며 현대 문화에 유용하게 적용되고 있다.

Piazza della Scala에 조성된 맨 위에 레오나르도 다빈치 조각상과 아래 사방에 네 명의 수제자들

레오나르도 다빈치 & 4명의 수제자
스승을 중심으로, 그를 둘러싸고 있는 네 명의 주요 수제자들

1. 젠발레오 칼다라 Gian Giacomo Caprotti da Oreno: 일명 살라이 Salai 로도 알려져 있다. 레오나르도와 함께 많은 시간을 보낸 가장 유명한 수제자다.

2. 프란체스코 멜치 Francesco Melzi: 레오나르도의 죽음 후 그의 빛나는 작품들과 노트들을 정리하고 보존하는 데 중요한 역할을 했던 인물이다.

3. 앤드레아 살라이노 Andrea Salaino: 레오나르도의 수제자로, 그의 작품에 모델이 되기도 했으며 그의 초기 밀라노에서의 기간 동안 스승과 함께 여러 작업을 했다.

4. 지오반니 안토니오 볼트라피오 Giovanni Antonio Boltraffio: 레오나르도의 스타일에 크게 영향을 받은 밀라노의 화가로, 지오반니 역시 스승과 함께 여러 걸작을 완성했다.

스카라 극장 앞에 있는 이 동상은 밀라노 시민들이 레오나르도 다빈치에게 경의를 표하기 위해 세운 것으로, 그가 밀라노에 머무는 동안 그린 '최후의 만찬' 등 여러 중요한 작품을 남긴 것을 기리고 감사하기 위해 제작되었다.

- 비토리오 에마누엘레 2세(이탈리아를 통일한 사람이며 초대 국왕) 갤러리의 유리 아케이드: 밀라노의 응접실이라 불리며 천장을 철골과 유리로 만든 시공 기술이 뛰어나다. 300년을 견뎌온 세계 최초의 쇼핑몰이기도 하다.

명품 그 자체 유리 아케이드

밀라노 대성당 바로 옆에 있다. 웅장한 유리 아케이드 천장을 10년에 걸쳐 제대로 만들었다고 한다. 저런 통로가 200미터쯤 이어지는데 너무 화려해서 '여기가 이탈리아가 맞구나'라는 느낌을 확실히 준다.
+
명품 천지. 루이비통, 베르사체... 프라다 본점도 있다. 밀라노가 패션의 도시임을 누구도 부인할 수 없는 명백한 증거였다.

* 밀라노대성당과 3500여개의 각기다른 조각상: 대성당에 136개의 첨탑이 있는데 높은 첨탑 대부분에 모두 한 명씩 이렇게 다 올라가 있다. 이 거대한 건물을 '대리석 고슴도치'라고부르는 이유이기도 하다.

100배 줌이 주는 새로운 세상!

100배 줌 갤럭시 핸드폰 카메라는 이전엔 볼 수 없었던 세상을 괜찮은 각도에서 사물을 비교적 상세하게 보여주며 발견의 기쁨을 주곤 한다. 저 당시 사람들의 시력이 얼마나 좋았을지 궁금해진다.
+
저 꼭대기에 서 있는 청년, 저 자세로 움직이지도 않고 계속 우리를 450년 동안 쳐다보고 있었다는 것을 이번에 처음 알았다.

레오나르도 다빈치　　　　　　　VS

'이탈리아는 레오나르도 다빈치를 더 높게 평가하고 있구나!'라고 결론 내렸다. 예전부터 오늘까지도 사실 '미켈란젤로와 레오나르도 다빈치 중 누가 더 위대한가?'에 대한 의문을 가지고 있었다.
+
그런데 결론은 로마 국제공항 이름이 '레오나르도 다빈치 공항'이란 걸 알고 나서 내려졌다. 적어도 이탈리아 사람들에게는…

미켈란젤로, 누가 더 위대해?

미켈란젤로는 조각, 레오나르도 다빈치는 그럼 아니야? 둘이 각자 더 잘하는 거 하나씩으로 정리하면 안 될까? 라고 했지만 미켈란젤로의 시스티나 Sistine 천장화를 떠올리면 인정 불가능이다.
+
레오나르도 다빈치가 예술은 기본으로, 과학, 건축, 발명 등등 인간의 실용적 삶에 더 기여했다고 보는 게 아닌가 생각했다.

밀라노 경찰관 유니폼 디자인

우리나라에서도 경찰복 디자인한다고 나라장터에 입찰공고 올리고 패션디자이너들만 불러놓고 상하의 유니폼 디자인하는 일이 더 이상 있어서는 안 될 것이다! 세트로 조화로운 융합디자인 필요한데…
+
경찰 베레모가 너무나 패셔너블한 것 아닌가? 김종국의 노래처럼 "머리끝부터 장화까지 다 사랑스러워~~" 오토바이도 한 몸이다.

밀라노 거리 위에 모두가 패션 디자인

흰머리 뒷짐 진 할아버지의 파란색 그러데이션 스템 셔츠와 스키니 청바지, 그리고 카멜색 벨트와 반들반들 빛나는 구두 색깔 맞춤도 밀라노 평균 이상 같았다.

+

그것은 '나도 죽지 않은 밀라노 사람이야, 내가 곧 밀라노 패션이야' 라는 거리의 당당한 자부심으로 보였다.

심미적 레이아웃의 비밀: 조명 디자인

같은 전구 개수에서 나오는 빛의 밝기는 동일 공간에서 도망가지 않는다. 밀라노 사람들이 저기 우측 상단 코너에 있는 일자 LED 조명을 천장 가운데 놓지 않은 이유는?

+

조명은 어둠을 밝게 하는 기능이 가장 중요하긴 하다. 그러나 거기에 **조형적 심미성을 고려하느냐에 따라 당신과 공간의 수준이 결정된다.**

빛을 내는 '조형적 선'으로서의 조명 디자인

조형은 공간의 분할에 대한 강약의 조절이다. 그리고 조명이 때로는 캔버스를 그리는 '선'이고 '면'임을 숙고해 보자. 조명이 주는 역할과 강력한 힘을 알고 있으면 페라리Ferari 매장도 디자인할 수 있는 것이다.
+
그래픽디자인, 인테리어디자인, 건축까지 그거 다 심미적 조형 표현 분야다. 르네상스맨 봐라. 조명도 같은 디자인 원리다.

밀라노 그래픽 디자인

밀라노의 그래픽 디자이너들도 정보의 위계Hierarchy 전달의 핵심이 무엇인지 확실히 알고 있는 듯하다. 단순하게 3단계, Primary, Secondary, Tertiary로 실현했다. 컬러도 기능적으로 최소화했다.
+
여백은 충분하게 그리고 위계 단계는 명확하며… 디자인 잘하고 싶은 사람, 이거 그대로 등사謄寫 한번 연습해 본다면 도움 될 거다.

인종차별 포스터 디자인이 아니다!

대성당 옆에 괜찮은 박물관이 하나 있고, 또 그 옆에 포스터와 함께 특별 전시가 열리고 있었다. 이 전시가 만약 우리나라에서 열렸다면, 아마 난리 불루스 터졌다. 애들 놓고 뭐 하나~, 인종차별 왜 하냐?
+
백인 악마와 흑인 천사 표현도 커뮤니케이션 예술이다. 우리나라에서도 잘 수용될 수 있는 문화로 지양되면 좋겠다!

Oliviero Toscani: 밀라노 태생인 토스카니는 1942년생으로 스위스 취리히 쿤스트게베르베에서 사진과 디자인 전공으로 졸업 후 패션지에서 사진작가로 종횡무진 활약 논란의 중심이 됐던 베네통 광고 캠페인으로 명성을 날림.

이 세상 가장 독특한 도시, 베네치아

영어로는 베니스Venice 이탈리아어로 베네치아Venezia 다.
사람도 있고, 집도 있고, 피자도 있는데, 차도가 없다.
그리고 건물이 직접 지중해 바닷물 위에 지어져 있다.
그쪽엔 당연히 인도도 없다. 그냥 바로다.

기원전부터 이렇게, 여기서 사람들은 살아왔다. 그리고 과거
르네상스 시대 유럽 금융과 해상무역의 중심지이기도 했다.
오죽하면 '베니스의 개성상인'이 있을 정도였다.

지금은 그런 것들 다 필요 없고 이토록 신비로운 도시이기에
관광만 해도 충분히 풍족하다.

"여행이란 우리가 사는 장소를 바꾸어 주는 것이 아니라 우리의 생각과
편견을 바꾸어 주는 것이다."
"Travel is not about changing the places we live, but about changing our thoughts and prejudices."

아나톨 프랑스 Anatole France 1921~1924

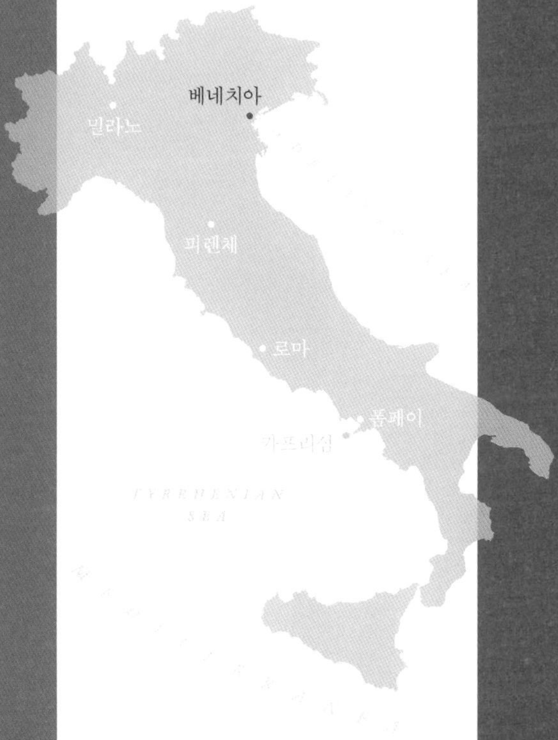

베네치아
밀라노

피렌체

로마
폼페이
카프리섬

이탈리아 베네치아

[챕터개요]
이 세상 가장 독특한 도시, 베네치아

왜? 베네치아 예술 디자인 전시와 행사

+

베네치아에서는 덩그러니 바위 하나, 나무 한 그루를 가져다 놔도 멋진 작품이 된다. 베네치아의 디자인 예술 전시와 행사를 돋보이게 하는 독특한 장소의 이점 때문이다.

최고의 전시 공간: 오래된 역사적 건물 안에서 현대 예술 작품이 어우러지며 빚어내는 대비는 심오한 감동의 분위기를 조성한다. 이런 역사적 설계 공간들은 이미 건물끼리 밀접하게 연결되어 있어 방문객들이 일관된 주제와 테마를 따라 물 흐르듯 자연스럽게 전시를 경험할 수 있게 한다. 이는 수로로 연결된 베네치아 건물들의 차별화된 특성을 현대의 디자인 예술 행사와 전시에 완벽하게 맞춤화하여 장점으로 잘 살려낸 노력의 결과라고 볼 수 있다.

+

또한 각 공간은 큰 홀부터 작은방까지 다양하게 갖추고 있어 여러 형태와 규모의 전시 작품들을 그 공간에 맞도록 조화롭게 보여줄 수 있는 매력도 지니고 있다.

Photo from Venice BienNale, Maison Fibre

'베네치아 디자인 위크'

1. 베네치아에서 매년 보통 10월에 개최되는 베네치아 디자인 위크는 다채로운 전시, 워크숍, 토크, 컨퍼런스 등 다양한 프로그램으로 구성되어 있다. 전 세계에서 온 디자이너들이 함께 참여하여 그들의 최신 작품을 전시하고, 중요한 디자인 주제에 대해 함께 토론하는 공론장을 제공한다.

2. 이 분야 전 세계 최강국인 이탈리아의 가구, 조명, 패션 디자인을 한 자리에서 감상할 수 있는 것만 해도 전혀 부족함이 없을 텐데, 그래픽, 산업 디자인까지 디자인 전 분야를 아우르고 있어 이 시기를 잘 계획할 수 있다면 베네치아 전시의 분위기와 함께 매우 유익한 디자인 여행과 공부가 될 수 있을 것이다. 행사 기간 동안 디자인 경쟁 심사 공모전까지 개최되며, 우승자들에게는 큰 상금이 수여되기도 한다.

Photo from Venice Design Week

[챕터개요]
이 세상 가장 독특한 도시, 베네치아

특특한 시각과 향기의 매력, 베네치아

이탈리아 북부 지중해와 접해있는 베네치아는 그 독특한 지형, 역사, 문화, 예술 등 다양한 요소들로 인해 많은 사람들로부터 절대적인 사랑을 받는 도시이다.

+

베네치아의 가장 큰 매력: 베네치아에 대한 열광의 원인은 도시 전체가 수상 택시 같은 보트가 다니는 수로로 연결되어 있다는 것이다.

베네치아는 산 마르코 대성당, 리알토 다리 등 중세와 르네상스 시대 스토리를 담은 역사적 건축물들이 널려 있다. 화려한 가면 축제를 벌이는 베네치아 카니발, 베니스 비엔날레, 베니스 영화제 등 국제적 예술 행사들이 열리는 세계 문화 예술의 중심지이기도 하다.

+

베네치아에서 곤돌라를 타고 조용하고 고요한 베네치아의 야경을 감상하는 것, 골목길을 거닐거나 작은 다리를 건너며 도시를 돌아보는 로맨틱한 경험을 하는 것은 진정 말로 표현하기 어려운 즐거움과 오묘한 매력이다.

베네치아 디자인

1. 베네치아 컬러: 베네치아는 화려한 색채와 물감의 도시로 유명하다. 베네치아의 화사한 햇살과 지중해에서 불어오는 바람은 모든 사물을 아름답게 투영함으로써 자연의 다양한 색상 조합과 뛰어난 색채 감각을 특색있게 보여주고 있다. 아울러 베네치아만의 오랜 전통과 현대의 조화로운 배색 조화는 매우 독특한 시각적 향기를 퍼트리며 매력을 발산하고 있다.

2. 무라노Murano섬과 유리공예 디자인: 무라노섬은 수 세기에 걸쳐 세계에서 가장 탁월한 유리공예와 유리 디자인의 중심지로 알려져 왔다. 13세기부터 유리공예사들이 독창적인 기술, 크리스털로Cristallo를 수출해 왔고 화려한 색상과 품질의 완성도, 높은 예술성으로 세계적인 영향을 끼쳤다. 게다가 무라노섬 집들의 화려한 색채가 주는 매력은 관광객들의 마음을 사로잡는 잊지 못할 감성을 전달한다.

Photo from Murano Segvso

* 물의 도시 베네치아: 고전 컴퓨터 타자 연습 중에 '베니치아 게임'이라고 있었던 것 같다. 그래서인지 저기 멀리 땅이 아슬하게 가라앉는 느낌이 있다.

* 딱 봐도 거의 1층 바닥하고 바닷물 높이가 비슷하다. 지중해는 바다인데, 파도라도 심하게 한 번 치면 어쩌나 하겠지만 베네치아는 사실 도시가 자주 물에 잠기기도 한다. 그냥 받아들이고 사는 것이다.

* 다채로운 베네치아 컬러: 다크 블루 바다 위에 햇살 가득 받은 레드 브릭과 레몬옐로에도 충분히 만족하지 못하는 듯 곳곳에 아름다운 꽃 모둠이 조화롭게 합세하여 베네치아를 칭송하고 있다.

베네치아라는 존재가 주는 혜택 Benefit
시간 여행을 하는 듯 도시의 역사적 풍경과 현실을 잠시 잊게 해 주는 감미로운 시

1. 베네치아는 마치 거대한 디자인 갤러리 같다. 수많은 수로 Canal 들이 교차하며 이어지는 이 도시는 과거와 현재, 그리고 미래의 디자인이 공존하는 곳이다.

2. 첫 발걸음을 내딛는 순간, 당신의 눈앞에 펼쳐지는 것은 세계에서 가장 신비롭고 아름다운 회화 작품 같은 풍경일 것이다. 대리석과 벽돌, 물 위에 반사되는 건물들의 빛… 그 모든 것이 디자인의 조형적 원리를 통해 완벽하게 조화를 이루고 있다.

3. 고딕 건축물과 바로크 양식이 공존하는 거리를 걷다 보면, '디자인의 시간 여행'을 하는 듯한 감성도 느낄 수 있다. 그리고 각 건물마다 새겨진 장식과 세부 디자인은 이 도시의 영혼과 역사를 조용히 말해 주는 듯해서 정말 감미롭다.

4. 하지만 베네치아의 디자인은 단순히 눈에 보이는 것이 다가 아니다. 귀를 기울이면, 물결 소리와 전통 모자를 쓴 곤돌리에 gondoliere 의 노래가 들려온다. 이 모든 조화로움이 이 도시의 '사운드 디자인'을 형성하며, 방문자들에게 독특한 경험을 선사한다.

5. 베네치아는 단순한 여행지가 아니다. 그것은 한 편의 생생한 디자인 책이고 디자인의 교과서에서 배울 수 있는 가장 깊은 교훈이다.

* Venezia Grand Canal

* Burano Island (Venezia)

아름다운 외관을 활용한 디자인 마케팅
개성의 '부익부' 베네치아 도시 디자인 마케팅

1. 집에서 배를 바라봐도 그림이고, 배에서 집을 쳐다봐도 작품이다. 하늘과 구름과 땅길 같은 지중해 바닷길을 함께 보면 예술이 된다.

2. 베네치아는 독특한 외관과 지리적, 문화적 특성을 활용하여 다양한 디자인과 마케팅 전략의 성공적인 사례를 끝없이 만들어 내고 있다. 이러한 전략들은 다른 도시나 브랜드에도 큰 영감을 제공하며, 독특한 특성과 가치를 바탕으로 다양한 창의적 아이디어를 탄생시킬 수 있다는 것을 보여주고 있다.

3. 부라노섬 Burano은 베네치아 근처에 위치한 작은 섬으로, 알록달록한 집들이 특징적으로 유명하다. 집마다 다른 색상의 화려한 페인트로 칠해져 있어, 사진과 SNS에서의 공유가 쉽게 되고, 디지털 시대의 관광객들에게 큰 매력을 끌어내며, 특별한 관광 명소로 자리 잡았다. 시청에서는 지정 색 페인트를 집도색을 원하는 시민들에게 무상으로 지원하며 부라노의 아이덴티티를 유지 관리한다.

4. 아마도 형형색색 부라노섬을 본 관광객 중에 한 명은 저 집들에서 과거 빈곤 지역 중 하나이자 도시재생과 새로운 부흥이 절실했던 부산 '감천마을'이 알록달록 떠올랐을 것이다. 그렇다!

   여행은 그래서 보는 것이고 또 새로운 디자인의 원천이자 귀한 응용의 절대적 소재이기 때문에 가치가 넘치는 것이다.

곤돌라: 곤돌라는 베네치아의 관광용 작은 배다. 이탈리아 뱃사공의 노래인 '칸초네'Canzone를 들으며 여행할 수 있으나 가격이 다소 비싼 편이다. 멋진 성악을 쏟아내는 곤돌리에레 인건비가...

곤돌라Gondola와 곤돌리에레Gondoliere의 산타 루치아
조금 비싸더라도 경험해 볼 만한 가치

1. 곤돌라는 베네치아의 전통적인 평평한 바닥의 작은 보트로 주로 베네치아의 수로에서 교통, 관광 목적으로 사용된다.

2. 곤돌라를 운전하는 사공을 '곤돌리에레'라고 한다. 이들은 엄격한 훈련과 특별한 시험을 통과해야 하는데 이들은 베네치아의 수로와 물길에 대한 깊은 지식을 지니고 있어야 하며, 곤돌라 탑승 시 여행자에게 다양한 이야기와 정보를 제공할 수 있는 능력도 있어야 한다.

3. 곤돌리에는 성악가처럼 굵고 매우 맑은 목소리로 곤돌라를 조정하며 이탈리아의 전통적인 노래나 베네치아의 노래 오 솔레 미오O Sole Mio, 산타 루치아Santa Lucia를 부르곤 한다. 이런 멋진 노래는 베네치아의 수로를 따라 흐르는 곤돌라 주위의 아름다운 경치와 함께 환상적인 분위기를 조성해 준다. 온몸에 전율이 흐를 것이다

4. 곤돌라가 지나가는 베네치아의 대표적인 관광지 중 하나로, 흔히 '탄식의 다리'라고 알려진 키스의 다리Ponte dei Sospiri가 있다.
   많은 연인이 이 다리 아래에서 키스하면 영원한 사랑의 행운을 얻게 된다는 전설을 믿고 곤돌라를 타고 이 다리를 지나가면서 로맨틱한 순간을 보내곤 한다.

• 산 마르코 종탑 전망대: 엘리베이터가 있다고 하지만, 긴 줄을 몇십 분씩 서서 기다리며 인내해야 할까? 의 선택의 고민에서 물의 도시 베네치아에서라면 시도해 볼 가치가 충분할 것이다.

산 마르코 종탑 전망대 Campanile di San Marco
줄을 서서라도 꼭 올라가 봐야 할 가치

1. 베네치아의 중심부 최적의 위치에서 가장 독특하게 높이 솟아 있다. 종탑 자체로도 아름다운 건축물이며 상부에는 전망대가 있어 베네치아의 주요 물길, 광장과 주변의 풍경을 넓게 감상할 수 있다.

2. 역사적 가치: 산 마르코 종탑 전망대는 9세기에 처음 지어졌으며 여러 차례의 재건을 거쳐 1912년 새롭게 건축되어 현재의 모습을 갖게 되었다. 베네치아의 역사와 문화의 상징으로 종탑 자체로도 이미 중요한 가치를 지니고 있다.

3. 뛰어난 전망: 전망대에서는 베네치아의 아름다운 구조와 수로, 주변의 섬들까지 한눈에 볼 수 있다. 특히 해 질 무렵 낭만적인 전망은 아름다운 베네치아의 풍경을 감상하기에 최적의 장소다.

4. 건축적 특징: 종탑 자체는 하층의 고딕과 상층 르네상스 양식의 조화를 이루는 독특한 디자인을 지니고 있다. 오묘하게 조합된 디자인은 베네치아의 건축 문화를 대표하는 특징 중 하나다.

5. 문화적 중심: 산 마르코 종탑은 베네치아의 문화적 중심지 산 마르코 광장과 대성당에 둘러싸여 있으며 이곳을 중심으로 다양한 문화적 활동과 행사를 체험할 수 있다.

* 베네치아에서 베니스 비엔날레까지 매력만 넘쳐, 세계 도시 매력 생태계의 '부익부'의 대표적 성공 모델이 되었다. 이렇듯 관광객이 쉬지 않는 도시 베네치아는 다양한 국제행사와 축제가 끊이지 않는다.

베니스 비엔날레 Biennale 로고 디자인

날개 달린 사자는 베네치아와 베니스 비엔날레의 상징으로, 심벌로서는 당연히 경쟁 대상이 없었을 것이다.
+
로고는 좌측에 고정된 Sustainable 사자의 상징 요소와 우측의 가변 되는 Flexible 타이포그래피 인포메이션으로, 이미 로고의 경제적 활용성과 디자인의 심미성이 만천하에 증명된 우수한 디자인이다.

아름다움의 대명사, 그림: '리알토 다리'의 노을과 화려한 두칼레 궁전 앞에서 미소 지으며 관광객을 맞이하는 것이 직업이라면, 상처를 치료하는 의사나 범죄자를 상대하는 판사보다 적어도 두 배 즐거운 인생 아닐까? 생각했다.

원래 그림은 '멀리서 어렴풋 감상'하는 것이잖아.

너무나도 편하게 캔버스를 가지고 노는 저 화가는 마치 엄청 빠른 프린트 머신처럼 스스슥 베네치아 풍경들을 그려냈었다. 왜 한 장 사올 생각은 못 했을까?
+
그림의 정교함은 다소 부족해 보였지만, 어슴푸레 눈 감고 보면 정말 그럴싸한 베네치아 한 장면을 느낄 수 있음은 부인할 수 없었다.

이탈리아 베네치아

과거에는 볼 수 없었던 예술과 이유

망원경을 가지고 다니는 관광객이나, 혹은 몽골인 시력 아니면 볼 수 없었을 예술을 발견하는 재미가 쏠쏠했다. 수백 년 동안 한 동작으로 꼼짝하지 않고 우리를 바라보는 조각 동상들을 발견하는 흥미 말이다.
+
그들 각각의 사연이 담긴 동작과 의미를 살펴볼 수 있게 해준 스마트폰 카메라 기술의 발달에 오늘 또 새삼 감사하다.

산 마르코 San Mark.Marco 대성당

화려함의 극치, 알라딘 요술램프같이 생긴 주변이 매우 화려하기도 했지만 무엇보다 너무 높이 있어 감상하지 못했던 꼭대기 첨탑들을 보고 있자니 베네치아 장인들의 솜씨에 정말 기가 찼다.
+
내부에는 몇 세기에 걸쳐 완성한 '황금 모자이크 돔 천장'이 있다는데 그놈의 긴 입장 대기 줄에 엄두가 안 난다. 외부만으로 만족…

양념갈비보다 생갈비가 비싼 이유?

디자인은 이미지가 큰 역할을 한다. 양념갈비보다 생갈비가 비싼 이유는 생갈비 자체가 이미 맛있기 때문이다. 상단의 멋진 오케스트라 이미지는 멋진 생갈비다. 여기 위에 지나친 양념은 생갈비 맛을 망친다.
+
여기에 최소한의 정제된 타이포그래피만 가미하라! 그 맛의 핵심이 되는 메시지를 전달하면 근사한 맛이 된다! 멋진 디자인이 된다!

뒤엣것(포스터)을 앞엣것(건축물) 위에 전달하는 방법

주제는 배경과 조화롭게 함께 있을 때 빛이 난다.
베니스 비엔날레 포스터의 배경이라고 베네치아 건축의 훌륭한
아치를 함부로 가리거나 조형적 균형의 배려를 소홀히 하지 않는다.
+
베네치아인들에게 심미적 디자인 의식의 저변이 최소 저 정도는
된다는 뜻이다. 종합적 요인이 있겠지만 이건 정말 부러운 일이다.

산 토다로 San Teodoro

비잔틴의 성자이자 도시의 첫 번째 수호자인 '토다로'가 용을 죽이는 모습이라고 한다. 이 아저씨도 그동안 한참 높은 기둥 꼭대기 위에 있어 자세히 못 봤었는데…
+
날개 달린 사자와 함께 높은기둥 위에서 문설주 Gate Post 처럼 아드리안 해를 등지고 베네치아의 입구를 든든하게 지키고 있었다.

산 마르코^{San Marco} 의 수호성인이자 베네치아 국가의 상징

'그래, 가끔 하늘을 보자' 이미연의 영화 제목도 떠오르고 하늘도 가끔
봤더니 예전에 못 봤던 땅만큼 재미있는 의외의 장면들이 새로운
즐거움을 주고 있었다.
+
사자의 등에 새의 날개를 달아서 저토록 자연스러운 균형과 조형적
안정감을 줄 수 있다는 것이 정말 대단해 보였다.

세계 최초의 카페, 플로리안Florian

1720년 개업해서 300년 동안 운영 중이라고 한다. 카사노바가 수많은
여성을 유혹한 바로 그 카페 플로리안이다. '자크 루소'도 매일 들렀고
커피광 '괴테'는 여기서 하루 10잔씩 커피를 마셨다고 한다.
+
'앤디 워홀', '클린트 이스트우드' 형님들까지… 그리고 나도.
플로리안 내부의 모든 방은 근사한 테마별 이름이 있다.

caffeflorian.com

플로리안 인테리어 디자인 상원 의원의 방 Senate Room

"지금까지 살면서 이런 카페는 본 적 없다. 이곳은 성당인가 궁전인가?"
벽면과 천장 모든 부분을 작품을 넘어선 보물로 휘둘렀다.
하긴 300년간 그 자리에 있었으면 조약돌도 최소 골동품 아니던가?
+
이 방은 1893년 셀바티코 시장이 지식인 예술가들과 커피 마시며
'베니스 비엔날레를 해보자'라고 기획했던 역사적 장소라고 한다.

베네치아에서 롤렉스Rolex를 보여주는 방식

저기 요상하게 생긴 날개 달린 물고기와 예쁜 황금 거북 때문에 그저
작은 조약돌처럼 보이던 롤렉스 시계를 주목하게 되었다.
매력적인 큰 것으로 유혹한 후, 작고 비싼 시계로 시선을 집중시켰다.
+
카사노바 후예답게 베네치아인들의 유혹하는 테크닉은 역시 뛰어났다.
좋은 곳에 관광 왔으니 명품 숍에서 기분 좋을 때, 펑펑 쓰라 이거지.

유리공예도 유명하고 가면축제 Carnevale di Venezia도 있고…

솔직히 바닷물 바로 위에 건축물이 있는 것부터 심각한 반칙 아닌가? 부라노Burano섬에 알록달록 집들 예쁘지, 무라노Murano섬에 유리공예 환상적이지, 베네치아 정말 365일이 쉼 없는 관광지다.

+

숨만 쉬어도 돈과 사람이 모이는 지구상에서 가장 축복받은 도시, 베네치아 아닐까? You Win.

레스토랑에서 디자인 관찰

우리 학생들과 베네치아에서 디자인 워크숍을 한번 했으면 좋겠다.
디자인을 어렵게만 생각하고 힘들어하는 친구들이 많이 있지만,
베네치아에서 사소하게 이런 것만 잘 봐도 의미 있는 답이 많이 나온다.
+
색 많이 쓰지 마라! 여백의 면 분할만 긴장감 있게 잘 표출해 봐라!
그리고 타이포그래피 위계만 잘 표현하면 끝이다.

참 쉽지요! 현수막 디자인

정보의 제1 위계는 프라이머리^{Primary} (Ferrarelle좌 / Museo Correr우)
정보의 제2 위계는 세컨더리^{Scondary} (MAXIMA LA FRIZZANTE 좌 / MUVE우)
나머지 정보의 제3 위계는 털시어리^{Tertiary} (나머지 남은 정보 모두)
+
디자인에 전달하고자 하는 정보의 위계를 명확하게 하고, 이후 꼭 필요할 경우 논리적인 컬러로 최소화하라.

이론 상세 설명 타이포그래피 위계 디자인 웬만큼 이해하기' [드마북스] 김거수

르네상스 여행, 피렌체 디자인

메디치 가문은 그 영향력과 업적에서 오늘날 우리나라의 삼성과 같은 존재로 볼 수 있다.

아니 그보다 몇 배 더 큰 영향력을 지니며 장기간에 걸쳐 피렌체를 중심으로 이탈리아의 정치, 문화, 경제 등 여러 분야에서 꽃을 피우게 했던 보물 같은 존재였다.

그들이 사랑한 피렌체는 미켈란젤로, 레오나르도 다빈치와 같은 예술의 거장들이 창작의 열정을 펼친 곳이었으며, 이탈리아 문학의 거장 단테 Dante 까지 이 동네 출신이다.

피렌체는 로마와는 다른 우아함과 예술적 품격이 있다. 그래도 지금은 다 필요 없고 여기도 관광으로 충분하다.

"가장 최적의 디자인 프로세스는 예술, 과학 및 문화의 열망을 통합한다."
"The optimal design process integrates the aspirations of art, science, and culture."

제프 스미스 Jeff Smith 1960~

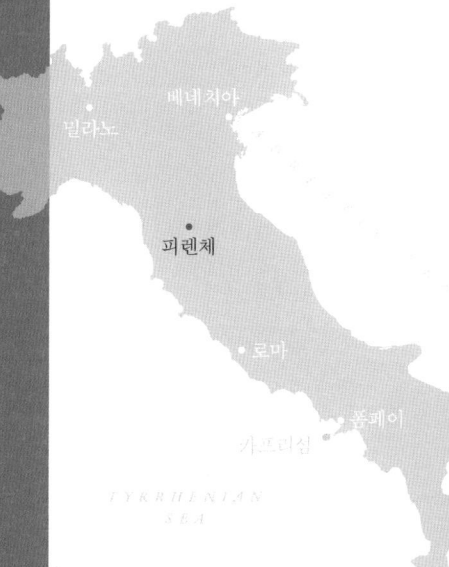

[챕터개요]

르네상스 여행, 피렌체 디자인

문화예술의 낭만적 매력, 피렌체

+

르네상스의 심장: 피렌체는 미켈란젤로, 레오나르도 다빈치, 볼테치오, 브루넬레스키 등의 예술 거장들의 왕성한 활동 무대이자 15세기와 16세기 르네상스의 발상지이자 중심지다.

+

피렌체 대성당 Santa Maria del Fiore은 영어의 돔 Dome과 같은 의미의 이탈이아어 두오모 Duomo로 피렌체의 가장 큰 상징이다. 이름만 들어도 설레이는 세계적 명소, '우피치 미술관'과 당시 엔지니어링과 건축 기술의 정점을 보여주고 있는 베키오 다리 Ponte Vecchio 또한 피렌체 핵심이자 반드시 방문해야 할 명소다. 베키오 다리 위에는 아기자기하게 정감이 넘치는 상점들이 아르노 강과 함께 독특한 쇼핑 경험을 제공한다.

+

피렌체는 예술, 음악, 패션, 그리고 가스트로노미 Gastronomie와 같은 음식에 이르기까지 다양한 문화 행사와 축제로 가득하다. 또한 피렌체 예술학교 Accademia di Belle Arti Firenze, 피렌체 디자인 아카데미 Florence Design Academy와 같은 교육 기관들을 보유하고 있어 세계 각지에서 온 유학생들에게도 매우 인기가 많다.

Photo from Timothy Eberly on Unsplash

피렌체의 문화유산, 피렌체 브랜드

1. 피렌체는 디자인, 예술, 고급 가죽공예, 건축의 중심지로서의 인식이 매우 깊게 뿌리내려 있으며, 세계적인 문화유산으로 인정받아서 현재까지도 그 우수한 가치를 전 세계에 전파하고 있다.
1950년대와 1960년대에 이탈리아의 고급 패션 산업이 태동하면서 피렌체는 구치오 구치와 살바토레 페라가모와 같은 명품 브랜드의 본고장이 되기도 했다.

2. 구치오 구치Guccio Gucci는 원래 가죽 제품과 가방 제조사로 시작하여 세계적인 고급 패션 브랜드로 성장했다. 특히 2018년에는 기존 단순한 패션 매장을 뛰어넘어 피렌체의 전통적 유산과 현대적 시각을 접목한 창조적 공간 '구치 가든'을 피렌체 도심에 오픈했다. 전시와 특별한 컬렉션, 미슐랭 구치 레스토랑에 이르기까지 구치 브랜드의 문화 예술, 패션의 실험적 결합을 선보이며 피렌체를 더욱 매력 있는 도시로 빛나게 하고 있다.

Duomo 대리석 패턴: 정교한 다층 구조의 반복 패턴으로 구성되어 있어, 무한한 순환과 규칙성을 연상케 한다. 거대한 두오모 성당 대리석 건물 아래서 바라본 대칭과 비대칭의 정교한 대리석 패턴을 보면 각 요소의 공간과 깊이의 균형 잡힌 미학적 조화에 탄성이 절로 나온다.

Duomo: 정식 명칭은 산타 마리아 델 피오레 대성당(Basilica di Santa Maria del Fiore)으로 '꽃의 성모 교회'를 뜻한다. 아르놀포 디 캄비오에 의해 1296년부터 장장 140년의 세월에 걸쳐 완성되었다.

피렌체 두오모 Santa Maria del Fiore
세계 건축사와 후대 건축가에게 큰 영향을 미친 '브르넬리스키'의 업적

1. 브루넬레스키Brunelleschi 건축 걸작인 피렌체 대성당의 돔은 혁신적 성격과 미술적 통찰력을 증명하는 그의 대표작이다. 이 돔은 중앙의 지지대나 뼈대 없이 건설된, 당시 건축학적으로 매우 도전적이고 한 번도 시도해 본 적 없는 혁신적인 구조 설계의 상징이었다.

2. 돔의 경쟁: 대성당 돔의 반경이 너무 크고 건설이 어려워서 일종의 건설 계획을 세우기 위한 아이디어 경쟁 공모전도 개최되었다.
이 경쟁에서 브루넬레스키가 우승하게 되었으나 그의 아이디어는 그렇게 쉽게 받아들여지지 않았다. 왜냐하면 실제로 돔을 어떻게 건설할 것인지 자세한 계획을 제출하지 않았기 때문이었다.

3. 그 계획을 제출하지 않았던 첫 번째 이유는 통상적 건축 방법과 다른 그만의 혁신적인 기술적 기밀유지 때문이었고, 두 번째는 전례 없는 복잡한 건축 방법을 별도로 개발해야 했기 때문이었다.
그는 마침내 중력과 돔 자체적인 구조 안성성을 이용해 무게를 구조로 분산시키는 두 겹의 벽돌 사용법으로 결국 이 문제를 해결했다.

4. 그는 자신의 기술과 능력에 깊은 자신감이 있었으며 비밀스러운 성격 때문에 무엇을 쉽게 공개하지 않았다.
브루넬레스키는 주변 사람들과의 논쟁을 피하고 결과물로써 그의 아이디어의 타당성을 증명하려 했다. 그게 더 확실하다고 믿었었다.

피렌체 대성당 두오모 Duomo di Firenze

'꽃의 성모 마리아', 피렌체의 상징이다. 1296년 아르놀포부터 조토, 프란체스코, 조반니, 브루넬레스키… 죽으면 이어받고 또 죽고 또 이어받고 설계하고 또 만들고 해서 만들었다.
+
이곳은 뒤에 살짝 보이는 돔이 중요한데 돔 쪽은 사진 각이 잘 안 나온다. 예쁘지도 않고 다음에 와서 드론샷 찍자!

화려한 대리석 위에 숭고함

색이 다른 대리석을 갈고 잘라 정교하게 한 몸인 양 붙여서 그림으로 표현한다는 것이 인간이 할 짓이 못 될 것 같다. 당시에 기계 장비나 좋았겠는가? 거대한 성당의 예술적 조형 위에 거룩함이 흘러넘쳤다.
+
그나저나 30년 전 그 소매치기들이 대를 이었나 보다. 한쪽은 도둑 당했다고 패닉이고 경찰들도 몇 번씩 지나다녔다. 그리고 너무 덥다.

David: 미켈란젤로는 피렌체의 작업장에 40년 가까이 방치되어 있던 대리석으로 힘이 넘치면서도 살아 움직이는 듯한 조각상 David를 만들어내었다. 5.17미터의 대리석 조각으로 골리앗(Goliath)을 돌로 때려 쓰러뜨린 성경 속의 소년 영웅을 표현한 조각 작품이다.

조각 그 이상의 의미, 미켈란젤로의 다윗 David
미켈란젤로의 예술적 천재성을 선보인 피렌체의 정치적, 사회상의 표상

1. 미켈란젤로의 명언: "모든 돌덩이 안에는 조각상이 있다. 그리고 나는 그것을 발견하는 것이다", "나는 돌 안에서 천사를 본다. 돌 속에 갇힌 천사가 자유로울 수 있을 때까지 심혈을 다해 조각한다."
조각에서 미켈란젤로의 천재성을 가장 명쾌하게 설명한 문장들이다.

2. 불완전한 대리석 덩어리에서의 탄생: 이 덩어리는 거의 40년 동안 방치되었던 큰 대리석 덩어리로 미켈란젤로는 이 대리석 덩어리에서 '다윗'이 갇혀 있음을 보았다. 그리고 그가 자유롭도록 조각해 줬다.

3. 다윗의 포즈: 대부분 이전의 다윗상은 골리앗을 쓰러트린 후의 다윗을 표현했지만, 미켈란젤로의 다윗은 전투 전, 긴장된 상황을 묘사했다. 왜냐하면 미켈란젤로가 다윗의 집중력과 결심을 작품에 표현함으로써 더욱 강한 힘과 에너지를 보여주고 싶었기 때문이었다.

4. 피렌체의 상징: 당시 피렌체는 주변의 강대한 국가들과의 경쟁과 갈등 속에 있었으며, 이 다윗 조각상은 사람들에게 당당하고 용감한 피렌체의 정신을 상징하는 것으로 여겨졌었다. 세밀한 근육의 움직임과 혈관, 심지어는 나윗의 목둥 기방끼지도 섬세하게 묘사했다.

   이것은 평소 미켈란젤로의 심오한 인체 연구가 있었기에 또 천재적인 관찰력과 정교함이 있었기에 가능했던 것이었다.

코시모 1세 Cosimo I

피렌체는 영어로 Florence, 꽃의 여신인 플로라리아에서 유래됐다.
피렌체 대공국 독재자 '코시모'가 말을 타고 지금도 후손들이 잘하고
있는지 순찰하듯 우리를 지켜보고 있다.
+
메디치가 자손이기도 했지만 그의 강력한 카리스마 때문이었는지
피렌체 문예부흥에 큰 업적을 남기기도 했다!

Cosimo I: 메디치 가문의 일원으로서 교황의 인정을 받아 피렌체를 중심으로 한 토스카나 대공국을 지배했다.
매우 냉혹한 독재자였지만 피렌체를 더 강력하고 부강한 나라의 수도로 만들며 피렌체의 군주로 군림했었다.

포세이돈Poseidon이 넵튠Neptune이다.

'바다의 신'이라고 알려진 '넵튠'이 포세이돈이다. 코시모 1세는 4m 가 넘는 이 거대한 대리석 조각상에 자기 얼굴을 표현하라고 했다. 하여튼 인간이란~.
+
시뇨리아Signoria 광장 조각들은 대부분 복제품이지만 다양한 걸작들이 많이 있고 진품만큼 정교해서 생생하게 그 감동이 전달된다.

메디치 가문 Medici family 덕분

1229년 지어졌으니 800년 조금 덜 된 건물이다. 인간은 정말 이 땅에 잠깐 머무르는 손님이구나! 새삼 느끼지 않을 수 없었다. 지금은 이 공간이 너무 좋아서 그런지 피렌체의 시청사로 사용 중이다.
+
이 모든 것이 메디치 가문 덕분이다. 맘껏 추구하되 귀하게 보존하고 남기자. 국내에도 이런 가문이 등장하길 바란다. 한 번 기대해 본다.

베키오궁 Palazzo Vecchio은 안뜰까지만

아이들과 함께하는 가족여행에선 딱 궁 안뜰까지가 한계인 듯하다.
대학 시절 배낭여행 때는 돈이 없어 못 가보고…
피렌체 공화국의 대 평의 회의실 '500인의 방'도 가 봐야 하는데…
+
미켈란젤로와 레오나르도 다빈치가 여기서 서로 작품으로 경쟁한
역사적인 장소라면 끝난 거 아닌가?

가장 아름다운 시뇨리아 광장 Piazza della Signoria

복제품이지만 미켈란젤로의 다비드상이 있고, 헤라클레스, 메두사의 머리를 든 페르세우스, 넵튠을 비롯한 아름다운 르네상스 조각들의 매혹적인 잔치가 펼쳐지는 광장이다.
+
지금은 이곳이 너무 좋아서 그런지 피렌체의 시청사로 사용 중이다. 메디치 가문 덕분에 구경 잘했다.

길거리 공사 가벽도 예술

베키오궁에서 150미터 정도 'ㄷ' 자 모양으로 우피치 미술관이 둘러 있고 이 공간도 피렌체 주 정부는 마케팅 공간으로 놓치지 않았다. 공사 가벽 프린트 이미지도 진품 못지않은 감동이다.
+
잡화 파시는 분 같은데, 생김이 꼭 '20세기 문화지형도' 저자 코디 최 선생님 같아서 엄청 유식해 보인다.

세계 최다 미술품 소장, 우피치 미술관 Gallerie Degli Uffiz

우피치는 영어로 Office라는 뜻이다. 발음이 비슷하네. 코시모가 시 공무원들을 자기 관저인 베키오궁 옆으로 옮기라고 해서 만들었고 지금은 세계 최다 미술품을 소장하고 있는 우피치 미술관이 됐다.
+
로망이었던 내부 관람까지는 결국 이번에도 포기했다. 미켈란젤로, 레오나르도 다빈치, 보티첼리, 라파엘로 미안해요 다시 올게요.

우피치 광장, 두 달 동안 매일 영화제

광장은 다양한 용도로 사용되어야 하며, 사람들이 모이는 곳이어야 진정한 광장이 된다. 볼거리가 넘치는 곳에서, 지나가며 괜찮은 야외 영화까지 볼 수 있다면 금상첨화 아니겠는가?

+

이렇게 좋을 수가, 영화제는 협회가 주관하고 우피치 미술관이 협력 지원한다. 내가 피렌체 산다면 난 여기 매일 올 것 같다.

'거리 예술가들'이라 부르면 적절하지 않다.

20대 1의 치열한 경쟁률을 뚫고, 매우 수준 높은 거리 예술가들을 피렌체시가 심의(아이디어와 이 장소와의 적합성 기준으로 선발)한다. 우리가 알고 있는 호객꾼들이 아니다. 모든 예술가는 정해진 시간만큼 공연한다.
+
낭만적인 클래식 음악 연주를 들으며 정치인들을 풍자한 캐리커처를 감상하면 이곳의 즐거움은 딱 두 배가 된다.

보티첼리 '비너스의 탄생' 앞치마

30년 전 '베키오 다리' 좌우의 상점들이 어렴풋이 기억났다. 한 번 더 가도 좋을 것이 확실했지만 걸어갈 수 없을 정도로 피렌체의 햇빛은 강했다. 우피치 미술관 안에는 보티첼리의 '비너스의 탄생'이 있다.
+
그리고 미술관 밖에는 그 그림을 담은 '앞치마'가 있다.
아내에게 허락받고 3개 샀다.

피렌체의 타원통형 스탠딩 광고 포스터 홍보대. 역시 이미지가 일 다 했다. 타이포그래피가 거들 뿐.

인류 & 유럽의 대표 도시, 로마Rome

밀라노나 피렌체 같은 쟁쟁한 이탈리아 도시들이 있지만, 로마는 그 누구도 부인할 수 없는 이탈리아의 수도이자 최대 도시다. 바티칸도 품고 있고, 전 세계인의 상징적 대표자인 교황도 이곳에 살고 있다.

파리, 런던, 베를린 다음 순위라고 하면, 보는 이나 듣는 이 모두 기분이 많이 상할 것 같은 '존재감 뿜뿜'이다. 엄청난 거지. 로마가 힘이 셀 때는 그랬잖아! '모든 길은 로마로 통한다!'

그래, 여기도 365일 관광이다. 귀찮게 반도체 만들 필요가 없다. 반도체 팔아 돈 번 사람들이 로마에 와서 쓰면 된다. 1년에 1000만명 이상 밀려든다.

"여행은 인간을 겸손하게 만든다. 세상에서 인간이 차지하는 영역이 얼마나 작은 것인가를 깨닫게 해준다."
"Travel makes one modest. You see what a tiny place you occupy in the world."

구스타프 플로베르 Gustave Flaubert 1821~1880

[챕터개요]
인류 & 유럽의 대표도시, 로마

역사 종합선물 세트가 주는 매력, 로마

로마는 고대부터 로마 제국의 중심이었고, 세계 역사에 큰 영향을 미친 많은 사건의 중심이었다. 그 역사적 잔재와 고대 유적들로 가득 차 있는 로마의 흔적을 살펴보는 것만으로도 큰 매력을 느낄 수 있다.

콜로세움, 판테온, 포로 로마노 같은 고대 로마의 웅장한 건축물들은 사회 문화 종교와 함께 공공건축의 기능과 중요성을 강조하고 있다. 또한 이러한 고대 건축물의 웅장한 구조물은 현대 건축가와 디자이너들에게 공간의 활용과 구조의 안정성, 그리고 미적 감각에 대한 재해석과 영감을 제공하기도 한다.

종교와 역사의 중심지: 로마는 바티칸 시국, 성 베드로 대성당 등 카톨릭의 중심지이자 문화 예술의 중심지이기도 했다. 로마 자체로 이미 강력한 아이덴티티를 지니고 있었으며 수천 년 동안 다양한 문화와 국가의 통치를 거치면서 도시의 레이어링(층층이 쌓여가는 구조)을 이루어 왔다. 고대 로마의 유적 위에 중세의 건물, 그리고 현대 건물이 지어지면서, 도시는 시간의 경과와 역사의 중첩을 이 공간 안에 담게 되었다.

고대와 현대의 조화, 로마 디자인

1. 로마의 역사적, 문화적 배경은 그래픽 디자인에 깊은 영향을 미쳤다. 고대 로마 건축물에 새겨진 라틴 문자는 현대 서체 디자인의 기초를 형성하기도 했다. 예를 들어서, Trajan 시체는 트라야누스 기둥에 새겨진 문자에서 영감을 받아 디자인된 것이다.

2. 불가리Bvlgari는 로마를 기반으로 브랜드의 강한 정체성을 구축했다. 로마의 건축물, 문화, 그리고 역사는 불가리의 보석 디자인에 큰 영향을 미쳤으며, 불가리 브랜드는 이를 마케팅 전략에 활용하여 세계적인 성공을 거두었다.

3. 펜디Fendi는 1925년에 로마에서 설립된 고급 패션 브랜드로서, 펜디의 아이덴티티 디자인에는 로마 아치가 현대적으로 해석되어 들어가 있고 로마 기원을 상징하고 있다. 고대 로마의 영속성과 현대 로마의 도시적 특성이 펜디 디자인 DNA에 깊숙이 녹아있음을 보여주고 있다.

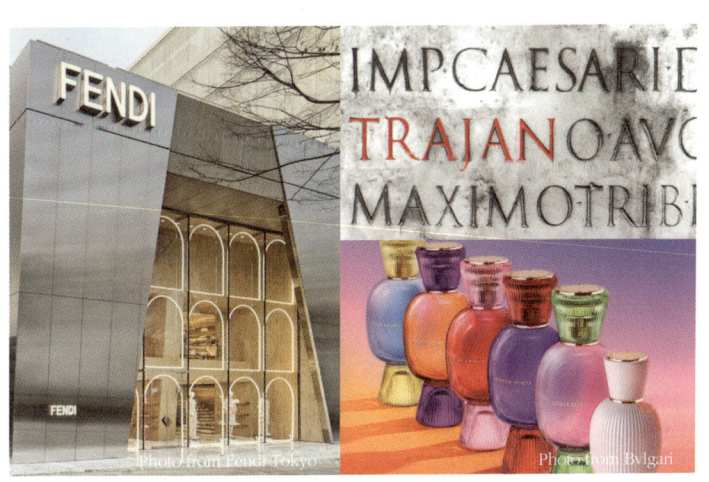

* Foro Roman: 로마 제국시대 정치 문화의 중심지였다. 공공 연설과 즉위식 등 다양한 행사를 했다.

IL GIUDIZIO UNIVERSALE   THE LAST JUDGEMENT

CRISTO GIUDICE E LA VERGINE
CHRIST THE JUDGE AND THE VIRGIN

S. BARTOLOMEO
(AUTORITRATTO DI MICHELANGELO)
ST. BARTHOLOMEW
(SELF - PORTRAIT OF MICHELANGELO)

S. SIMONE, DISMA, S. BIAGIO, S. CATERINA, S. SEBASTIANO
ST. SIMON, DISMAS, ST. BLAISE, ST. CATHERINE, ST. SEBASTIAN

비아조

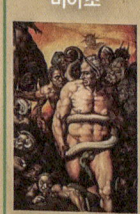

MINOSSE, GIUDICE DEGLI INFERI
MINOS, JUDGE OF THE UNDERWORLD

* The last Judgement 시스티나 경당 입구 앞에 있는 안내도

미켈란젤로의 최후의 심판 The last Judgement
미켈란젤로가 한 번 마음먹으면 그냥 되는거야! 그의 대 역작!

1. 르네상스 시대의 예술과 신앙의 절정을 나타내는 상징으로써 미켈란젤로의 '최후의 심판'은 천장화로 유명한 시스티나 천장 Sistine Chapel 의 대향당 전면에 그려진 대형 프레스코 Fresco 화(덜 마른 시멘트벽에 안료를 발라 그리는 방식)다. 세상의 종말을 주제로, 인간의 영혼이 천국으로 올라가거나 지옥으로 떨어지는 모습을 역동적인 구성과 강렬한 색상, 그리고 감정이 풍부한 캐릭터로 표현한 인류의 걸작이다.

2. 최후의 심판 지옥 장면에 미니온스 Minions 의 얼굴로 그려진 인물이 비아조 Biagio da cesena 라는 사제였다. 미켈란젤로의 작품을 매우 추잡하고 부적절하다'라고 비판했던 것에 대한 반격으로 미켈란젤로는 비아조 사제의 모습을 지옥의 장면에 포함해 그렸다.
비아조는 불쾌해서 교황에게 미켈란젤로를 징계하라고 요구했으나 교황 클레멘트 7세는 이에 대한 반응으로 웃으면서 "내 권력은 지상에 한정되어 있어, 지옥에는 내 영향력이 미치지 못한다."라고 재치 있게 답했다는 스토리를 담고 있다.

3. 이러한 사건은 미켈란젤로의 예술에 대한 비판과 그의 대응, 그리고 당시 교황의 위치와 미켈란젤로에 대한 태도, 교회의 입장과 태도 등 여러 면에서 그 시대의 예술과 종교, 그리고 로마 권력과의 관계를 반영하고 있다고 본다.

LA VOLTA   THE CEILING

아담의 창조

MICHELANGELO
CREAZIONE DI ADAMO - CREATION OF ADAM

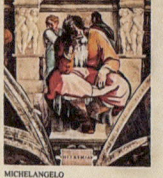

MICHELANGELO
PROFETA GEREMIA - PROPHET JEREMIAH

MICHELANGELO
SIBILLA DELFICA - DELPHIAN SIBYL

MICHELANGELO
LUNETTA DI AZOR E SADOCH, PRIMA E DOPO IL RESTAURO
LUNETTE WITH AZOR AND ZADOCH, BEFORE AND AFTER THE CLEANING

MICHELANGELO
SCHIZZO DELL'ARTISTA AL LAVORO
SULLA VOLTA DELLA CAPPELLA SISTINA
SKETCH OF THE ARTIST WORKING
ON THE CEILING OF THE SISTINE CHAPEL

MICHELANGELO
SCHIZZO DELLA SEZIONE DEL PONTEGGIO
DELLA CAPPELLA SISTINA
SKETCH OF THE SECTION ON THE SCAFFOLDING
OF THE SISTINE CHAPEL

RESTAURATORE ALL'OPERA
RESTORER AT WORK

CREAZIONE DELL'UOMO,
PARTICOLARI DURANTE LA PULITURA
CREATION OF MAN, DETAIL, DURING THE CLEANING

* Cappella Sistina The Ceiling 시스티나 경당 입구 앞에 있는 안내도

시스티나 대향당Cappella Sistina의 천장화The Ceiling
미켈란젤로는 이 프레스코 천장화를 그리는 4년 동안 시력을 잃게 되었다.

1. 시스티나 대향당의 천장화는 미켈란젤로의 예술적 천재성, 끊임없는 연구와 실험, 그리고 깊은 종교적 감정과 철학적 사색을 가장 잘 보여주는 작품이며, 1508년부터 1512년까지 4년에 걸쳐 완성했다.

2. 아이디어와 테마별로 구성했고 중앙의 9개 장면은 창세기의 이야기를 중심으로 구성되었다. 1. 하나님에 의한 빛의 창조, 2. 하늘과 바다의 분리, 3. 육지의 창조, 4. 태양, 달, 별의 창조, 5. 물고기와 새의 창조, 6. 야생 동물과 인간의 창조, 7. 아담의 창조, 8. 하와의 창조, 9. 아담과 하와의 추방이 순서대로 그려졌다.

3. 특히 '아담의 창조' 장면에서 하나님과 아담의 손가락이 거의 닿아있는 순간을 표현하는 절묘한 부분은 그의 예술적 천재성을 보여주는 대표적 장면 중 하나이다. 천장화가 평면이지만 그는 다양한 입체감과 깊이를 부여하여 그림이 살아 움직이는 것처럼 보이도록 착시 효과도 고려했다. 또한 그는 종교적 주세를 그대로 표현하기 보다는 그림에 자신의 해석을 추가했기에 단순히 메시지를 전달하고 상황을 설명하는 일반적인 그림을 넘어 예술적 중요성을 강조하는 태도도 보여줬다.

4. 미켈란젤로는 이 작업을 수행하는 동안 많은 물리적, 기술적 어려움에 직면했다. 높은 천장 위에서 작업을 해야 했고, 이를 위해 특별한 발판도 설계해야 했다. 또한 빠른 속도로 그려야 했기 때문에, 그림이 다 마르기 전에 수정하거나 변경해야 하는 난관을 극복해야 했다.

* Pieta

* Tomb of Pope Alexander VII

피에타Pieta의 미켈란젤로와 바로크의 거장 '베르니니'
'성 베드로 성당' 안에있는 전 인류의 보물 조각들.

1. 십자가에 매달려 죽은 후에 어머니인 성모 마리아 무릎에 놓인 예수 그리스도의 시신을 묘사한 것이다. 미켈란젤로의 가장 유명한 조각 작품이자 르네상스 시대 최대 걸작품인 '피에타'는 종교적 테마와 예술적 표현의 조화를 완벽하게 보여주는 예술이다.

2. 피에타의 마리아와 예수의 몸 묘사는 기막힌 현실감을 전달한다. 마리아의 옷 주름, 예수 시신의 부드러움과 무게감을 놀랍도록 절묘하게 구현해 냈다. 성모 마리아가 예수를 안고 있지만, 예수에 비해 마리아는 상대적으로 젊게 표현되어 있다. 그 이유는 그녀의 순수하고 변치 않는 믿음과 사랑, 그리고 예수와의 끊임없는 연결과 영원한 처녀성을 상징하기 위함이었다. 현재 훼손 방지를 위해서 유리관에 의해 보호되어 있다.

3. 교황 알렉산더 VII의 무덤Tomb of Pope Alexander VII은 바로크 시대의 거장 로렌초 베르니니Lorenzo Bernini에 의해 설계되었다. 이 무덤 조각품은 베르니니의 뛰어난 예술적 표현을 보여주며 그의 마지막 대표작이 되었다. 이 무덤 주위를 네 명의 여성 동상이 보좌하고 있으며, 각각 자선, 진리, 정의, 그리고 중용을 상징하며, 교황의 교리와 그의 삶의 덕목을 나타내고 있다. 무덤의 가장 아랫부분에 청동으로 만든 뼈 골격은 죽음을 의미한다. 섬세하게 조각된 대리석, 청동과 금속을 혼합한 재료로 다양한 빛과 감정을 전달함이 이 대리석 조각 무덤의 큰 특징이다.

* Statue of Laocoon Group
* Sala degli Animali

라오콘 군상 Statue of Laocoon Group 과 '동물의 방'
'바티칸 박물관'에 있는 전 인류의 보물 조각들.

1. 라오콘은 트로이 전쟁에서 트로이의 제사장이었는데, 트로이 목마를 도시로 들여보내지 말라는 경고를 무시했었다. 결국 이 경고 때문에 제우스의 아들이자, 속죄의 신 아폴로가 라오콘을 벌하기로 결정하고, 거대한 뱀 두 마리를 보내어 라오콘과 그의 두 아들을 죽였다. 이 장면은 그들의 고통과 절망을 매우 사실적으로 그려내고 있다. 라오콘의 근육과 표정, 그리고 뱀에게 얽힌 그의 몸의 움직임은 보는이에게 강렬한 감정과 움직임을 전달한다.

2. 라오콘 군상이 1506년 로마에서 발견되던 역사적 순간, 그 가치와 중요성을 한눈에 알아본 사람이 바로 미켈란젤로였다. 후에 '최후의 심판'에 있는 인물들의 묘사에도 영향을 주게 된 라오콘 군상은 고대 예술의 웅장함과 그 우수성으로 인해 미켈란젤로와 같은 르네상스 시대의 거장들에게 큰 영감을 주는 상징적 존재가 되었다.

3. 동물들의 방 Sala degli Animali 은 다양한 동물들을 형상화한 고대 조각들로 가득 찬 방이다. 이 방의 조각들은 주로 고대 로마와 그리스의 작품들로, 동물들을 실제 크기나 그보다 조금 더 크게 조각된 작품들로 전시되어 있다. 이러한 조각들은 주로 장식용으로 쓰이거나 귀족들의 저택이나 정원에 감상용으로 제작되었다. 이런 작품들은 당시 고대 로마인들의 예술과 기술에 대한 높은 수준의 숙련도를 보여주고 있다.

성 베드로 성당 내부: 바닥부터 천장까지 웅장하고 찬란한 대리석의 광채와 그 아름다움에 숨이 멎을 정도였다. 각기 다른 무늬와 색상의 대리석이 화려하게 조화를 이루며, 성당의 성스러운 공간으로서의 위엄을 더욱 돋보이게 하고 있었다.

대리석으로 그린 그림

지구상 가장 큰 성당을 붓보다 더 정교히고 생동감 있게 표현했다.
성당 내부의 천장, 벽체, 바닥 모두를 대리석으로 한칼 한칼 깎아서
그렸다. 그렸어!

+

이 형님을 숭배하게 하고 팬클럽 가입시키는 공간이다.
존경하는 미켈란젤로 형님. 제가 진심으로 사랑합니다. 감사합니다!

성 베드로 성당 St Peter's Cathedral

건축 공사 기간(1506~1674)만 거의 170년이라고 한다. 미켈란젤로, 베르니니, 라파엘로까지 '인사유명 호사유피'(사람은 죽어 이름을 남기고 호랑이는 죽어 가죽을 남긴다)라고 했지?

+

우리 미켈란젤로 형님과 그의 선후배님들은, 이름은 기본이고 말로 표현하기 부족한 위대한 걸작들을 너무나 많이 남겼다.

르네상스 양식(15~16세기)i: 좌우 대칭과 조화 있는 비례(황금비율), 기하학적인 장식 사용. 창문은 아치 형태가 많으나 로마네스크에 비해 얇고 세련됐다. 기둥은 그리스의 도리아식, 이오니아식, 코린트식을 주로 사용한다.

르네상스맨Renaissance Man: 미켈란젤로, 베르니니

건축가, 화가, 의사, 과학자… 하나 말고 여러 분야의 전문적 지식을
가지고 있는 사람들, 미켈란젤로, 라파엘로, 레오나르도 다빈치 같은
형들을 '르네상스맨'이라고 한다.

+

성 베드로 광장 건물 옥상에 서 있는 동상 조각들까지
'RESPECT!'

성베드로 성당 건축양식: 르네상스식으로 설계되었으나 이후 좀 더 화려해진 바로크 시대 바로크 양식(17세기)이
가미되어 완공됐다. 동상이 건축물의 장식적 요소로 많이 사용되었다.

판테온 Pantheon

미대 입시 미술학원에서 석고 데생 작품으로 접하게 되는 처음 순서가 바로 곱슬머리 아저씨 아그리파 Agrippa다. 그다음이 줄리앙 Julien 과 비너스 Venus다. 아리아스 Ariadne, 아폴로 Apollon, 마르스 Mars…
+
누구길래 하며 늘 궁금해했었는데 바로 그 아그리파 아저씨가 판테온을 기원전 27년에 창건했다고 한다.

지름 44미터 넘는 천장 돔의 신비한 빛 구멍

로마 대표적 건축물, 신전神殿이다. 저기 천장에 큰 구멍이 있고 한줄기 큰 빛이 들어오는데 건축가가 의도했겠지? 분위기가 신비로운 것이 상당히 신전다웠다. 신비로웠다.

+

보이는 사람도 사물도 또 움푹 팬 대리석의 그림자도 다 그림 같았다. 유리가 없을 테고 저쪽으로 비가 들어올 텐데 계속 신경 쓰였다.

분수와 스페인 계단

성 베드로 성당의 그 로렌조 베르니니의 아버지 피에트로 베르니니가 제작한 분수대인데, 17세기 홍수로 강이 범람해서 이곳까지 떠밀려 온 난파선을 본떠 만들었다. 분수 이름이 '쓸모없는 오래된 배'란다.
+
옛날 영화 '로마의 휴일'에서 오드리 헵번이 이 계단에서 젤라토를 예쁘게 먹었고 그래서 더 유명해졌다고 한다.

캄피돌리오 Campidoglio 광장. 저 아저씨가 관광이다.

미켈란젤로가 구상하고 투시 효과를 적용해서 어쩌고저쩌고 르네상스
이탈리아 대표적 도시 광장인데 알겠고. 그냥 무지하게 덥다!
포로 로마노 뒤쪽으로부터 로마 땡볕에 한참을 걸었다니깐…
+
로마의 강의 신Tiber, 풍요의 뿔… 그 발바닥 아래 누워 퍼져 자고
있는 저 아저씨가 주인공. 오늘 날씨가 어땠는지 딱 보여주고 있었다.

세계에서 제일 유명한 트레비 분수 Fontana di Trevi

바로크 양식, '로마의 휴일'은 로마 관광지 소개 때문인가?
여기서도 찍었다. 로마의 랜드마크 5개 정도 하면, 콜로세움, 성 베드로 성당, 판테온, 트레비 분수, 진실의 입, 뭐, 이 정도 아닌가?
+
사실 '연못의 동전 던지고 소원 비는 것' 모든 원조가 여기다.
하루 400백만 원 정도씩 쌓이고 매일 밤 수거된다고 한다.

바로크 양식: 르네상스 양식이 발전되어 더욱 화려해진 건축 양식, 어원은 '일그러진 진주'에서 왔으며 역동적이며 현란한 장식, 과장된 표현이 있고 건물에 역동적인 조각상들이 있고 건물에 불규칙적인 곡선과 곡면을 사용한다.

니콜라 살비 Nicola Salvi

1629년 베르니니가 첫 디자인을 실게했고, 중단됐다가 1730년에 공모전을 했고, 결국 니콜라 살비의 설계 디자인으로 1732년 착공해서, 1762년 완공했다. 로마에선 뭐 하면 기본이 30년, 100년이다.
+
살비는 1751년 죽었으나 '후대 건축가들이 그 작품을 망치는 일이 없도록 매우 구체적인 설계도를 남겼다.' 이 부분 확실히 중요하다.

이탈리아의 상징, 로마의 상징. 콜로세움

이것도 거의 2000년 됐다고 한다. 늘 저기 저 사선으로 잘린 부분이 궁금했는데. 콜로세움 디자인의 일부인가? 생각했었지만. 다른 성당 지을 때 석자재가 모자라면 이걸 가져다 써서 이렇게 됐다고 한다.
+
더 이상 콜로세움 돌을 훔쳐 가지 말라고 근대에 와서 잘린 부분을 마감 지어버렸다고 한다.

콜로세움(서기 80년)i: 로마와 이탈리아를 상징이다. 고대 로마의 상징인 거대한 건축물이며 전쟁 포로인 검투사 와 맹수의 전투 경기가 벌어진 (타)원형 경기장

로마, 레오나르도 다빈치 공항의 '콜로세움 루이비통'

루이비통 매장이 여행객들의 시선을 더 잘 끌고 기억하게 하는 방법으로 '재해석을 통한 새롭고 미묘한 익숙함'을 선택했다. 고객들은 이런 신선함 때문에 주목하게 되고 어느덧 루이비통 안에 있게 된다.
+
이스탄불 공항 루이비통 매장은 '아야 소피아 성당'(26p~27p), 로마 공항 루이비통 매장은 '콜로세움' 시리즈로 컨셉을 잡았구나!

고대 멸망한 휴양도시, 폼페이

미국 뉴욕과 같은 동부의 도시는 이탈리아 북부 도시 밀라노 같고, 미국의 LA와 같은 서부는 이탈리아의 남부 화사한 도시 나폴리, 폼페이 같은 느낌이다.

베수비오 대화산이 터졌고, 4미터가 넘는 재들은 도시를 순식간에 덮어서 멸망시킨 후 지금 우리들 보라고 원형 그대로 보존까지 잘 해줬다.

이곳도 지구상 이곳에만 볼 수 있는 특색 넘치는 도시다. 이거 보러 온 관광객으로 먹고산다.

"변명 없이 살고 후회 없이 여행하라"
"Live with no excuses and travel with no regrets."

오스카 와일드 Oscar Wilde 1854~1900

밀라노
베네치아
피렌체
로마
폼페이
카프리섬

TYRRHENIAN SEA

이탈리아 폼페이

[챕터개요]
고대 멸망한 휴양도시, 폼페이

발견, 발굴의 진행형이 주는 매력, 폼페이

+

고대 도시 폼페이는 서기 79년 베수비오 화산의 대 폭발로 화산재에 덮여 사라졌었다. 수 세기 동안 화산재 아래 묻힌 채 도시는 보존되었고, 후대에 발굴이 되면서 오늘날 이 도시를 방문하는 수많은 관광객들에게 아주 특별한 경험을 제공하게 되었다.

+

폼페이는 과거로의 시간 여행을 하는 듯한 느낌을 준다. 잘 보존된 유적들은 고대 로마제국의 일상과 생활을 이해하는데 큰 도움을 준다. 방문객들은 당시의 길거리, 가게, 주택, 사원, 극장 및 기타 공공시설을 다양하게 관람하며, 2천 년 전 폼페이인의 삶을 생생하게 체험할 수 있다.

+

폼페이에는 많은 고대 건물, 고대의 예술 작품들은 물론, 심지어 화장실과 공중목욕탕까지 아주 잘 보존되어 있다. 특히 보존도가 상당히 높은 벽화와 모자이크 속에 생생하게 묘사된 흥미로운 서사적 이야기는 고대 로마의 예술과 문화를 공감할 수 있는 귀한 자료가 되어, 현재까지도 계속 발굴되며 그 매력을 확장하고 있다.

Photo from Pompei tour.com

디자이너 관점에서 본 폼페이 공간의 원칙

1. 사용자 중심의 디자인 원칙: 폼페이의 건물과 공간 구성은 특정 계급이 아닌 로마 시민들의 일상생활을 반영했다. 이것은 사용자의 필요와 편의를 중심으로 공간이 구성되었다는 것을 의미하며, 이는 현대 디자인에서도 중요한 원칙으로 늘 강조되고 있다.

2. 기능성과 미의 조화: 폼페이의 건축물, 예술작품, 그리고 모자이크, 조각품은 단순한 기능성뿐만 아니라 미적 가치도 높이 고려되었다. 미켈란젤로나 부르넬리스키도 강조했듯이 기능과 미의 조화는 현대 디자인의 다양한 분야에도 늘 강조하고 지향하는 중요한 원칙이다.

3. 민간과 공공 공간의 조화: 폼페이 도시 구조의 특징은 공공 광장이나 사원, 극장 등과 같은 공공 공간과 민간 주택이 함께 조화롭게 배치되었다는 것이다. 이러한 도시 구성은 공간의 유용성과 사회적 상호작용을 최적화하는 현대 도시 디자인 원칙과도 일맥상통한다.

Photo from Pompeii-herculaneum

베수비오 화산 Vesuvius Volcano Mountain

1700년 전 저기 저 흰 구름 뒤에서 폭발한 화산의 뜨거운 가스 구름과 쇄설물이 이곳 폼페이 고대 도시까지 비 오듯 쏟아져 2미터 이상 파묻었다. 여기는 광화문 혹은 시청 광장 정도 되겠다.
+
덕수궁 석조전 기둥들처럼 한 몸통 조각인 줄 알았는데, 여기 폼페이에 벽돌 쌓아서 대리석을 덧붙이는 방법이… 돈 많이 아꼈겠다.

폼페이 '산과 구름'

큰 산과 어울린 큰 구름을 멀리서 바라보면 정말 상쾌하고 즐겁다. 언제나 아름답다. 볼 때마다 조금씩 다르게 멋질 것 같은 탁 트인 폼페이 풍경이 인간적으로 너무 부럽다.
+
폼페이 구름! 너 그냥 산 중턱에 걸려만 있어도 만족스러워. 나머지는 우리들이 알아서 감탄할게.

브랜드 심볼 디자인, '먼저 본 놈이 임자'

사자 등에 새 날개를 달고 말의 몸에 사람을 결합해도 자연스레 균형미가 표현되는 것이 보편적으로 생각함에 대한 식상함이 창조한 변태적 결과물로 봐야 할 것이다.

+

아름다웠다. 레미마틴 같은 고급 위스키 브랜드, 버버리나 폴로 같은 의류 브랜드 심벌 하나 거뜬히 뽑아낼 각이다.

이고르 미토라지 Igor Mitoraj: 고대 그리스와 로마 조각에 대한 현대적 해석을 중심으로 한 청동 작가이다.
폼페이 고대 유적지에 다양한 청동 작품을 설치, 전시하고 있다.

고대 폼페이, 마찻길과 인도

인도와 도로를 지금처럼 턱을 만들어서 구분해 놨다.
바닥 돌의 넓적한 형태와 면을 촘촘히 붙이며 수평을 끝없이 만들어
가면 도로가 된다. 이걸 포클레인 없이 만들었다.
+
자세히 보면 큰 돌 사이 야광 흰색 바둑돌들이 있는데, 곳곳에 놓아
밤에도 마찻길과 인도를 구분시켰다고 한다. 보도 경계석 봐라!

타이포그래피 위계 Typography Hierarchy 디자인

프라이머리Primary를 명확하게. 여백을 충분히 하되 면 분할의 긴장을 고려해라! 반드시 폰트 사이즈의 강한 대비를 포함하고, 컬러는 위계 표현의 마지막 수단! 이게 거의 다인데…

+

앤티쿠아리움Antiquarium은 골동품Antique을 모아놓은 박물관 정도 되겠다. 내게는 해석이 아니고 수업, 나의 학생들 과제물로 보였다.

박물관 '작품 안내판' 디자인

작품이라는 목표에 집중하다 보니 그 목표가 아닌 주변 보조 환경과
전체를 소비하는 관객에 대한 배려가 부족할 때가 많다. ANTIQVA
박물관은 일관성 있는 규격판에 패널을 5도 정도 기울였다.
+
나 좀 편하게 작품 설명 읽고 흥미롭게 감상하라고…
사용자 중심 디자인이란 말이 강조되고 유행한지도 오래됐잖아…

이거 기말 프로젝트 과제로 만들어 볼래? A+각 충분하다.

디자인 대학에서 신선한 크리에이티브를 강조하긴 하지만, 영역의 경중은 없다. 일반인들의 생활 속에 꼭 필요한 디자인을 이제 정말 정말 깊이 있게 살펴봐야 한다. 핸드폰 UX만 파지 말고…
+
적절한 작품 해설판의 크기, 여백, 색상, 관람자와의 거리를 고려한 서체의 크기와 QR코드 정보, 하드웨어 소프트웨어 모두 다 말이다.

사상 최대의 화산 폭발, 한 순간의 참극

저들 유전자를 채취해서 검사해 보니 모두 한 가족이었다. 자연스럽게 감정이입이 되더니 또 나와 우리의 삶이 너무 작아지는 느낌이다. 뭐랄까…
+
화석, 화산재에 굳어버린 아기, 엄마, 할아버지와 할머니의 형상은 모두 무덤이 아닌 곳에서 관광객들의 구경거리가 되었다.

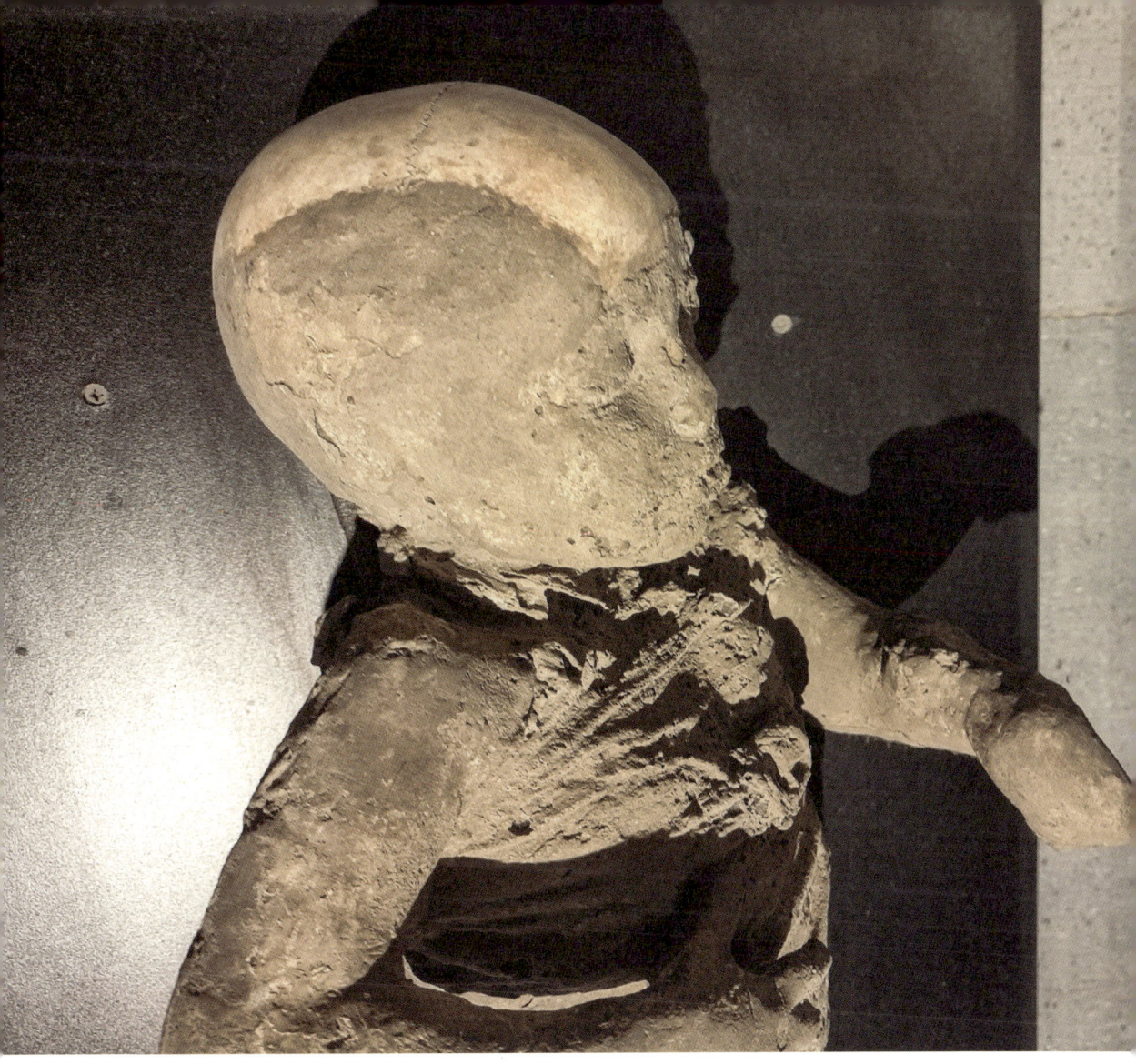

아이 인간 화석

"검은 구름과 화산재가 계속하여 하늘에서 떨어지고 홍수처럼 온 천지를 덮었다. 세상은 어둠으로 가득 차고 어디에도 빛은 없었다." 라고 서술되었다. 도시는 완전히 파묻혀 버렸고 사라졌다.
+
무슨 운명이기에 세상 몇 년 살아봤다고 저렇게 됐을까?
서기 79년 8월 24일 18시간 만에 1만 8천 명이 희생되었다.

지상낙원 휴양도시, 카프리섬 Capri Island

옷이 거추장스럽다고 느낀 첫 경험이었다. 세상의 맑고 밝고 깨끗함만 모두 모아 놓았다. 지구에 인간으로 공평하게 태어났겠지만, 구분하자면 카프리에 태어난 사람과 그렇지 않은 사람으로 분류가 될 것이다.

그러고 보면 절대 공평할 수 없을 만큼 강력한 평화로움과 아름다움밖에 없었다. 하늘과 바다색의 구분이 없었으며, 삶과 죽음의 경계도 없을 것 같은 찬란함이 있었다.

그래 관광객이지만 잠시 누리게 해 줘서 고마웠다.
축복받은 느낌이다. 아말피는 더 아름답다는데?

"인생은 짧고, 세상은 넓다. 그러므로 세상 탐험은 빨리 시작하는 것이 좋다"
"Life is short and the world is wide, the sooner you start exploring it, the better."

사이먼 레이븐 Simon Raven 1927~2001

밀라노
베네치아
피렌체
로마
카프리섬
폼페이

TYRRHENIAN
SEA

이탈리아 소렌토 카프리

[디자인 개요]
지상낙원 휴양도시, 카프리섬

삶의 낙원 같은 휴식을 주는 매력, 카프리

+

낙원의 동의어 카프리섬: 일상의 스트레스가 쌓인 도시 생활 속에서 진정한 휴식의 장소를 찾는 것은 사막에서 오아시스를 찾는 것과도 같다. 고대 '폼페이'에서 '소렌토'를 거쳐 도착한 이곳은 마치 진정한 휴식의 특효약 같았다. 그곳의 이름은 카프리섬이었다. 이곳 주변의 광활하고 탁 트인 바다와 기암절벽은 섬을 방문하는 모든 사람에게 매혹적인 경험을 선사할 것이다.

+

카프리섬에 도착한 순간, 맑고 투명한 바다와 보트가 만들어 낸 크고 흰 포말, 태양빛과 어우러진 환상적인 청색, '블루 그로토'의 놀라운 광경은 황홀 세계의 시작을 소개하는 듯했다.

스트레스 없는 휴식: 최고급 펜트하우스보다 멋진 작고 아담한 집들의 루프탑, 궁궐보다 아름다운 묘지를 곳곳에서 즐길 수 있다. 시간에 구애받지 않는 진정한 휴식, 카프리의 신선한 해산물과 와인의 조화 또한 내 몸과 마음에 에너지를 충분히 채워주고도 남음이 있었다. 힐링의 장소로 강력하게 추천하고 싶은 그야말로 낙원이다.

Photo from Sightseeing tours Italy

기능적 미니멀 건축 디자인, 카프리도 이탈리아

1. 카프리섬은 유럽 역사와 연결되어 있다. 로마 황제 티베리우스의 별장으로 사용되던 곳이었으며, 고대 로마의 유적과 섬 전체의 역사적 풍경의 여운이 있다.

2. **건축 디자인:** 카프리섬의 전통적 이탈리아 스타일 건축은 현대 건축가와 인테리어 디자이너에게 미니멀한 영감을 주며, 특유의 색상, 무늬, 자연 소재가 다양한 디자인에 반영되고 있다. 자연과 어울리는 파격적이면서도 실험적인 디자인은 휴식 속의 색다른 감성의 원천과 도전이 되기도 한다. 아달베르토 리베라 Adalberto Libera가 1938년 설계한 카사 말라 파르테 Casa Malaparte가 1963년 완공됐으니 25년 걸린 셈이다. 이 집은 20세기 모더니즘 건축의 교과서와 같은 사례라고 할 수 있다.

   지붕을 올라가는 계단과 지붕 위 아치형 난간의 미니멀한 디자인은 당시부터 현재까지도 그 심미적 표현의 극치로 칭송받고 있다.

[디자인 개요]

지상낙원 휴양도시, 카프리섬

예술의 원천 컬러, 그리고 디자인, 카프리

그래픽 및 광고 디자인: 카프리섬의 탁 트인 경치와 중세적인 거리는 너무나도 아름다워 여러 광고와 프로모션 캠페인에서 배경으로 사용되곤 한다. 섬의 이미지는 휴가, 여유, 로맨스 등의 감정을 연상시키며, 다양한 제품이나 서비스를 소비자에게 알릴 때 광고의 소재로 자주 활용되며 영역을 넓혀가고 있다. 카프리의 바다와 수영을 그래픽 모티브로 바닥 타일에 디자인하고, 카프리를 장식하는 화려한 꽃과 과일로 예술적 감성을 더하면 카프리 그래픽 스타일과 광고 디자인 이미지가 된다.
+

Emilio Pucci: 패션 디자이너 에밀리오 푸치는 그만의 대담한 프린트와 두드러진 컬러 패턴으로 명확한 차별성을 구축했다. 그의 독특하고 화려한 컬러 패턴은 멀리서도 즉시 인식될 수 있을 정도로 강력한 아이덴티티를 지녔다. 푸치의 옷을 입은 사람은 어디서든 주목받을 수 있게 디자인되었다. 그는 카프리의 아름다움에서 많은 영감을 얻었으며, 1949년에는 이를 바탕으로 역사에도 길이 남을 카프리 팬츠 디자인을 출시 하기도 했다.

Photo from Vogue in Capri   Photo from Emilio Pucci

카프리가 디자인에 미치는 영향

1. 카프리섬은 아름다움과 독특한 문화로 오랜 시간 동안 많은 예술가와 디자이너에게 영감을 제공해 왔다. 이러한 유산은 카프리의 자연스럽고 여유로운 특유의 디자인을 지속해서 창조해 내고 있다.

2. 카프리 팬츠: '카프리 팬츠'(홀쭉한 8부 길이 팬츠. 발목 위 5~8cm 길이 전후의 슬림 라인이 특징인)는 바로 카프리섬에서 이름을 따온 것이다. 섬의 여유로운 해변 라이프스타일에서 영감을 받아 탄생했으며, 이 디자인은 여름 옷의 대표적인 아이템으로 전 세계에서 널리 알려져 있다.

3. 카프리 샌들: 카프리섬은 특별한 로컬 샌들 브랜드로 유명세를 탔다. 라파리지엔La Parisienne 수제 샌들은 카프리섬 방문객들 사이에서 매우 인기가 많으며, 오랜 전통과 공예 기술이 뒷받침되었기에 고급스럽고 품질도 상당히 우수하다. 카프리 수제 샌들은 이제 카프리섬의 상징적인 필수 기념품으로 더욱 빛나고 있다.

Monte Solaro 정상에서 바라본 바다: '푸른동굴'과 우아한 요트들은 환상적으로 감동이었다.
광활한 바다 위 보트가 지나간 흔적들은 마치 푸른 캔버스에 화가의 힌 붓 질처럼 아름다운 감흥이었다.

1 Monte Solaro: 카프리섬 가장 높은 지점에 위치해 있는 야외 테라스에서는 푸른 지중해 바다와 섬의 아름다운 전경을 바라보며 음료나 식사를 즐길 수 있다. 가장 높은 곳에서 가장 노란 햇살과 함께~

몬테 솔라로에 자라는 수많은 선인장의 표면에 새겨진 낙서들은 관광객들이 남긴 사랑의 메시지, 아름다운 여행의 추억, 그들의 감정과 생각부터 단순한 장난까지 기념하고픈 메모로 가득 차 있었다. 모두 몬테 솔라로의 독특한 아름다움을 형성하는 조각들의 일부였다.

* 소렌토의 Leonelli's Beach: 지상에 그림처럼 사는 사람들이 있었다. 바다 바닥의 그림자와 함께 물결 위에 춤을 추는 행복한 영혼들이었다. 휴식이란 표현이 부족할 만큼 평화와 평온이 있었다.

소렌토의 via s Cesareo 거리는 이탈리아의 아름다운 해안 도시 특유의 매력을 느낄 수 있는 곳이다. 이 거리에는 수많은 전통적인 상점과 레스토랑이 즐비하며, 방문객들에게 평화롭고 따뜻한 분위기를 제공한다. 다양한 품목이 전시되어 있어, 여행객들에게 진정한 소렌토의 맛과 향기를 경험하게 해준다.

소렌토의 Corso Italia 거리는 역사적인 분위기와 현대적인 매력이 공존하는 장소다. 고요한 알코브에 숨겨진 전통적인 이탈리아의 수공예품 상점부터 유럽 최고의 패션 브랜드의 매장까지, 이 거리는 쇼핑 애호가의 천국이다. 햇살 아래에서 즐기는 에스프레소 한 잔의 매력은 Corso Italia의 분위기와 더없이 어울린다. 소렌토의 매력을 한눈에 마음껏 담을 수 있다.

다리 위에 서서 바라본 소렌토 앞바다. 'Vista'는 이탈리아어에서 "전망"이나 "경치"를 의미하는 단어다. 푸른 바다와 지평선이 '평화로운 사람들의 동네'라는 정의를 간결하면서도 깊은 여유를 느끼게 해주는 그야말로 소렌토의 멋진 Vista다.

소렌토 바다 절벽과 저택

저런 집들은 부자들 저택 축에도 못 들어간다. 그럼 어디에 있어요?
대저택들은 개인 섬에 있다고 한다… 그러고 보면 인간에겐 시간만
공평히 같이 흐르고 나머지는 다 다르다.
+
인생 사진 핫 플이 바로 이 협곡인데, 스페인 '론다'의 축소판 같지만
이곳은 지중해가 추가되어 더 큰 감탄을 자아낸다.

데이비드 호크니 David Hockney를 발견

현존 작가 최고 낙찰가 1018억에 팔린 데이비드 호크니의 작품 '예술가의 초상'이 떠올랐다. 바닷물 그림자와 개구리 다리처럼 접은 여성의 포즈가 너무 닮아 강했기 때문인 것 같다.

또 절벽 꼭대기에서 100배 줌 덕택이다. 그림 같은 현실이 존재함을 체험하니 진정 즐거운 휴식이다.

지중해 보석 카프리섬 Capri Island과 에메랄드 바다

"수지청즉무어 인지찰즉무도" 물론 거의 한자로는 가물가물하다.
그런데 이게~ 이게 좀 필요한 말 같기도 하고. 중용中庸이 더 아름다운
것인가? 지중해 물은 정말 맑다 물고기가 안 보일 정도로…

휴가, 휴식, 힐링 이런 단어 함부로 쓰지 못할 것 같다.
여기에 다 있다.

지상 낙원, 카프리섬

섬 정상으로 올라가는 아슬아슬 좁은 절벽 길을 곡예 운전하는 미니버스 안에서 "푸니쿨니 푸니쿨라~" 노래로 무서움을 달래며 우리는 정상을 향하고 있었다.

+

좋은 사람과 매우 맛있는 것 먹으면서 술 마시며 담배를 동시에 피는 느낌? 지금 이 순간 스치는 바람의 황홀함에 반도 이르지 못하리라.

카프리섬 최고절경

카프리섬 정상은 우리에게 등산의 목적을 강하게 체험하게 해준 것 같다. 저절로 캬~ 감탄이 나오고 상쾌했다. Cafri 사장님이 Capri 의 아름다운 모든 것을 맥주에 담고 싶었을 것 아닐까?
+
수평선부터 카프리섬 정상까지 아름답지 않은 것이 있다면 보상해 주겠다. 지금까지 본 것 중의 최고다! 와우!

가장 즐겁고 행복해했었다.

이렇게 예쁜 그림 같은 바닷물이 있을까? 맑은 지중해 하늘과 구름, 밝고 오염 없는 바다와 카프리 썬. 지중해에 발이라도 담그면 좋겠다던 아이들은 결국 친구들까지 데리고 온몸으로 풍덩 뛰어들었다.
+
수평선 짙은 코발트블루부터 투명 바닷속 햇빛 그림자까지 이어지는 에메랄드그린 그러데이션은 이 세상 가장 아름다운 바다색이었다.

올라가면 등산이고 내려오면 해수욕이다.

올라가면 등산이고 내려오면 해수욕이다.
공부도 적당히, 일도 조금만 하련다.
'안분지족' 安分知足은 카프리에 살면 가능할 것 같다.
+
맑고 밝고 깨끗함에 초호화 요트가 그려내는 멋짐을 병풍 삼으니
이곳에 존재할 수 없는 단어가 '슬픔'일 것이다..

안분지족: 과한 욕심을 부리지 않고 '편안한 마음으로 자기 분수를 지키며 만족할 줄 아는 것'을 의미한다.

3D 입체 공간 위에 2D 그래픽 디자인 표현 방법

제품 패키지 박스 디자인에서 한 면만을 관찰할 수 없듯이, 그래픽 디자이너는 전개도만 보고 한 면씩 각각 분리해서 보면 바보가 된다. 저기 두 면은 한 면으로 간주, 결과물을 연상하며 디자인해야 한다.
+
90도 꺾인 면이 주는 신선함은 평면보다 장점이 훨씬 더 많이 있다. Julia와 St.의 축약 정보를 엉뚱하지만 서로 연결해 보기도 할 수 있다.

양말도 패턴도, 또 종이 라벨도 이탈리아 디자인

맨해튼 첼시의 하이라인 가판대처럼, 베니스 비엔날레 기념품 숍처럼 일부라도 시작해 보면 좋겠다. 관광대국 이탈리아를 보고 나서 관광 한국, 관광 서울 외칠 수 있으면 멋진 대화 가능하다!

+

눈치라도 있으면 굶어 죽지 않을 것이다. 미켈란젤로처럼 보자! 여기에 부산의 밀면 패턴과 해운대 종이 라벨 디자인이 보이면 성공이다.

죽어서도 카프리섬

인간으로 태어나 눈 감고 묘지까지 카프리면 더할 나위 있겠는가?
살아서 차별받던 육체라도 죽으면 공평해야 할 텐데 영혼도 고향이
카프리면 한수 먹고 시작하는 것 아닌가?
+
카프리 할아버지가 다가오셨다.
이탈리아 언어도 꼭 배우라 한다.

82세 꼴리이그 Collegue: 친구

중등 물리를 가르치던 고등학교 선생님이셨다며 자신을 소개하던 이탈리아 할아버지는 우리 테이블로 와서 정중하게 "앉아도 되냐?"라며 물어보셨다. 또 나랑 '꼴리이그'라며 친근감을 표현해 줬다.
+
거의 2시간 동안 삶에 관해 또 이탈리아 아름다운 비밀 장소를 그리스 산토리니 기준으로 설명하며 열변을 토했다.

Appendix

[Appendix 1]

가장 큰 발견, 폰타지오네 프라다 Fondazione Prada

밀라노는 폰타지오네 프라다 박물관이 원톱이다. 그래픽
디자인도, 공간 기획도, 인테리어도, 스토리도, 이번 여행에
반드시 담아야 했던 비장한 목표였다.

밀라노에 폰타지오네 프라다가 세상이 떠들썩하게 했고,
베네치아에는 베니스 비엔날레가 있었다.
일본의 '가나자와' 대신에 반드시 밀라노를 선택해야 할
확실한 이유였다.

비장하게 한국 주권 회복을 위해, 헤이그 특사로 파견된
'이준' 열사처럼, 따뜻한 겨울을 꿈꾸며 원나라에 목화씨
가지러 가는 고려 시대 '문익점'처럼. 빨간 '포켓 수첩' 한 권과
'색연필' 그리고 '줄자'를 단단히 챙겼었다.

"좋은 예술가는 복사하고 위대한 예술가는 슬쩍한다."
"Good artists copy, great artists steal."

파블로 피카소 Pablo Picasso 1881~1973

마음 나뭇가지에 피어나 바람결에 흩날리는

[Appendix 1]
가장 큰 발견의 기쁨: 폰타지오네 프라다 박물관

미우치아 프라다Miuccia Prada와 렘 쿨하스Rem Koolhaas의 만남

+

건축계의 아이콘, 렘 쿨하스와 미우치아 프라다, 패션의 여왕. 개성 넘치는 세계의 두 거장이 '의외성'에 대한 공통 분모를 가지고 만났을 때, 그들 사이의 기폭제 같은 에너지는 예술과 디자인의 세계를 통째로 흔들어 놓았으며, 서로 신뢰하는 파트너로 더욱 성장하게 되었다.

+

프라다 브랜드의 창시자 마리오 프라다Mario Prada의 손녀 '미우치아 프라다'는 패션 산업에서 '후원자'Patron(예술이나 과학, 문화와 같은 분야에서 재능 있는 사람이나 프로젝트를 지원하는 사람)로 불린다. 특히 폰타지오네 프라다Fondazione Prada는 프라다 재단이 운영하는 공간으로, 패션계를 넘어 예술계에서도 전 세계적으로 다양한 문화 프로젝트를 지원하는 플랫폼이 되었다.

+

이 공간을 설계하고 건축한 디자이너가 바로 세기의 슈퍼스타 렘 쿨하스이다.
미우치아 프라다는 이미 1978년, 명품 가방은 가죽을 소재로 해야 한다는 고정관념을 깨고 '나일론'이라는 새롭고 파격적인 재질로 클래식 핸드백의 대성공을 이끌며 프라다를 성장시킨 인물이었다.

Rem Koolhaas　　　　　　Miuccia Prada

파트너십이 만들어 낸 강력한 시너지

이 파트너십은 미우치아 프라다와 렘 쿨하스 모두에게 엄청난 성과를 가져다주었다. 프라다는 그녀의 브랜드 이미지를 더욱 강화했으며 동시에 새로운 예술적 경계를 탐험했고, 렘 쿨하스는 그의 건축 철학을 새롭고 창의적인 방식으로 표현하는 기회를 얻게 되었다.

이러한 이상적인 협업은 두 분야, 패션과 건축, 사이에서 새로운 연결고리를 만들어 냈으며, 전 세계의 기념비적인 작품으로 거대한 영감을 선사했다. 이 두 거장의 만남은 예술과 디자인 세계에 한 획을 그은, 진정한 창조적 파트너십의 모범 사례가 되었다.

세계 각지의 저명한 건축가, 패션 관련 종사자, 도시 브랜드 디자이너를 비롯해 공무원과 일반 관광객 할 것 없었다. 폰타지오네 프라다 박물관은 디자인적 영감을 받기 위해 끊임없이 찾아오는 소위 하이엔드 리더들의 필수적인 견학 명소이자 성지가 되었다.

원래 있던 낡은 건물을 보강해 전체를 금으로 칠한 Haunted House와 렘 쿨하스의 설계와 지휘하에 은색의 알루미늄 재질로 지어진 Podium의 조화는 과거와 현재의 물질과 시각, 모두의 결합을 조화롭게 표현하며 방문객들에게 매우 독특한 경험을 제공한다.

프라다의 고향이자 프라다 정신이 시작된 이곳 밀라노 디자인의 새로운 축복이 시작되었다.

밀라노 기차역 곳곳에 보이는 폰타지오네 프라다 광고는 먼저 'Milano 하면 Fondazione Prada다'
라는 연상작용을 '포디움'을 비롯한 다양하게 매력적인 소재를 활용하여 홍보하고 있었다.

폰타지오네 프라다가
세계에 준 선물

1. 폰타지오네 프라다의 목적은 결국 예술, 문화, 그리고 패션 간의 경계를 무너뜨리고 그것들을 연결하는 다양한 방식의 탐구였으며, 그 결과를 매우 성공적으로 제시하는 것이었다.

2. 디자인의 재정의: 폰타지오네 프라다는 디자인의 본질적인 정의를 넓히는 데 크게 기여했다. 폰타지오네 프라다 공간과 존재를 통해 예술과 디자인의 경계는 더욱 흐릿해졌으며, 그들의 전시와 프로젝트는 관객들에게 예술적 사고를 통해 일상의 대상을 다시 조명하게 되는 계기와 동기를 제공해 줬다.

3. 건축과 예술의 결합: 렘 쿨하스와의 만남으로 인해 결국 이 건물은 그 자체로도 예술작품이 되었으며, 전시 공간의 기능뿐만 아니라 현대 건축의 충격적인 신선함으로 새로운 가능성도 보여줬다.

4. 2015년, 폰타지오네 프라다는 새로운 밀라노 본사가 되었다. 밀라노 도시 외곽에 폐허가 된 낡은 술 양조장 공간의 역사적 가치를 유지하면서도 현대적 요소를 도입하는 방식으로 '버려진 공간의 재탄생'에 대한 '성공적 표본'으로 보여주며 가능성을 실천으로 증명해 냈다.

5. 당시 개장식에서는 전 세계의 예술가, 디자이너, 연예인들을 비롯한 핫 셀럽들이 대거 참석하여 프라다 브랜드의 숭고한 철학과 가치를 명쾌하게 전달했다.

* 거친 바닥은 에폭시로 덧칠해서, 생긴 그대로 마감했으나 관람객은 직진하면서 'ㄷ'자 모양으로 구성된 우측 섹션의 작품 감상 강도를 조절할 수 있었다. 천장은 일자 조명으로 긴 공간을 더 길어 보이도록 시원하게 연출했으며 시선의 방해를 최소화하도록 그림 벽의 높이를 3미터가 조금 안 되게 제한했다.

* 브로슈어 디자인과 이 브로슈어를 전시하는 방법에 완전 쫄았다. 또 얼었다. 나 태어나 눈 감고 이보다 더 멋진 디스플레이 방법을 본 적이 없었다. 타이포그래피 하이어라키, 스페이스, 비대칭적 밸런스, 넓고 솔리드 심플한 벽면, 두 개의 타공 모두기 감각적으로 기획된 디자인이자 작품이었다.

디자인의 끝판왕!

사실 이곳을 오기 위해 이탈리아를 선택했었다. 밀라노가 디자인의 대명사라고 하는 이유에 당위성을 만들어 주는 몇 가지 지지 논거가 있다면 넘버 1이 바로 이 폰타지오네 프라다 박물관이었다.
+
많은 훌륭한 디자인이 스타일과 형식에 따라 다르며 서로 존중해 줘야 할 부분이겠지만, 이곳은 그들을 압도할 종합 1위 디자인 집약체다.

금으로 덮은 건물이다.

미우치아 프라다도 동의했겠지만 발코니 난간까지 금을 덮은 것은 특정 지점에서 창밖을 바라보는 관객의 심리와 영역까지도 생각했기 때문일 것이다. 그리고 이미지를 밀라노 기차역 광고에 사용했다.
+
박물관 건물에 금을 덮을 수는 있지만 어디까지 덮느냐를 세심하게 결정함은 시각디자이너가 하는 것이 옳다.

매일 오후 반짝반짝 빛나게…

미우치아 프라다 박물관은 전체가 이런 대박들로 무장되어 있으며
그중 하나가 순금으로 덮은 건물이고 더 놀라운 사실은…
'매일 아침 밧줄을 타고 이걸 반짝반짝 빛나게 닦는다는 것'이다.
+
핵심 마케팅 포인트, 킬러 콘텐츠 등등 소비자를 유혹하기 위해서는
그들의 마음을 동요시킬 차별화 된 매력 포인트가 있어야 한다.

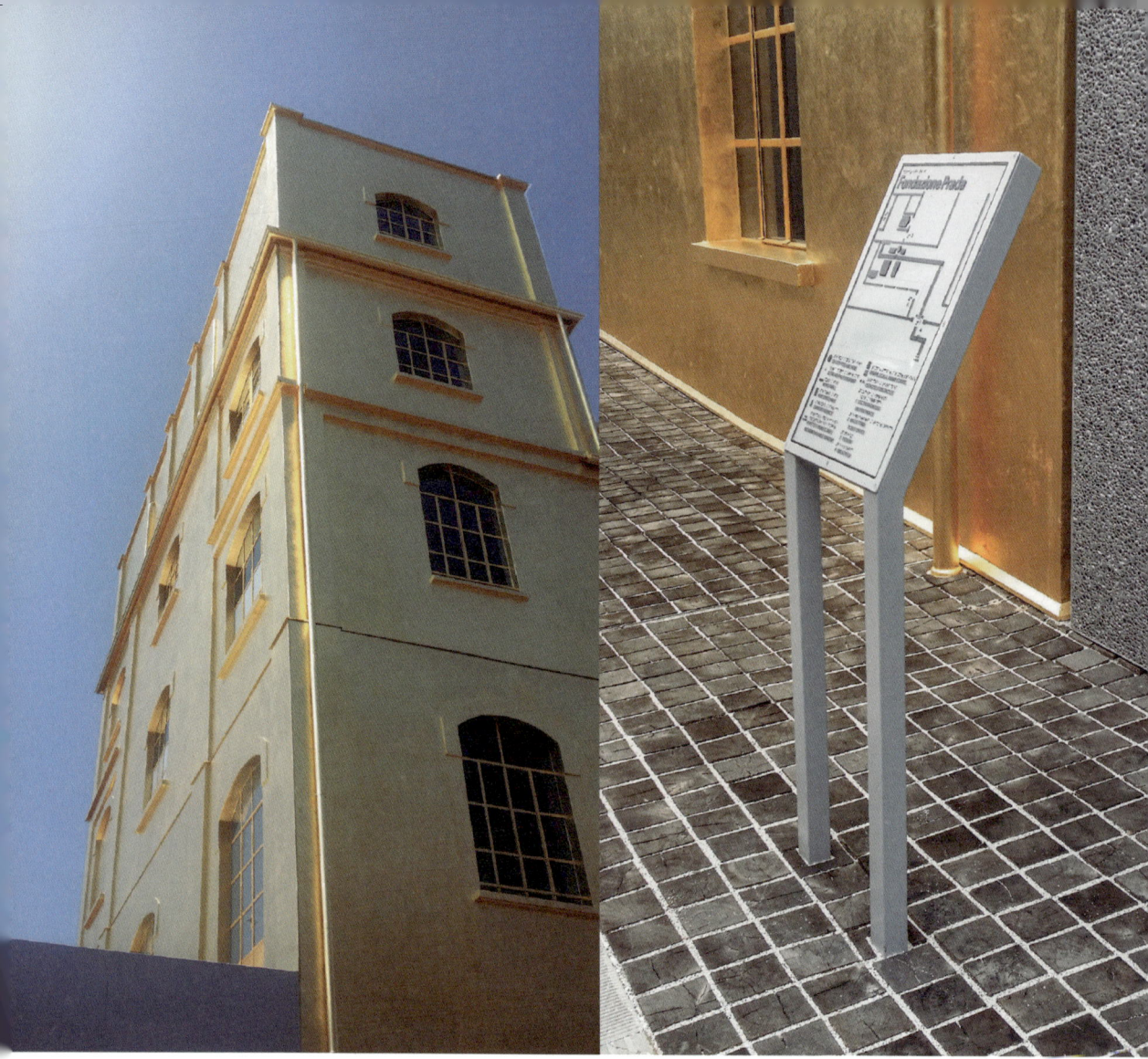

프라다의 100년을 축하하며 헌티드 하우스 Haunted House

렘 쿨하스 Rem Koolhaas가 위대한가 아닌가에 대한 궁금증이 조금이라도
있었다면, 이곳이 답일 것이다.
24K 황금으로 전체를 도금한 것이 초현실주의 신전 같다.
+
금빛 헌티드 하우스와 은빛 포디움은 수직적 대비를 통해 대단히
강렬한 아이덴티티를 명료하게 자아내고 있었다.

포디움Podium 에 대한 브랜드 경험Brand Experience

실버 알루미늄 실 같은 것을 압착하여 마치 스니로폼 페닐 같은 벽을 만들고 내부와 외부에 동일하게 적용했다. 바닥과 선반, 벽면과 천장에 차이가 없다. 여러 겹의 투명 아크릴은 벽면과 같은 톤이었다.
+
오로지 박물관 전체의 아이덴티티를 유지하며 작품에 집중할 수 있도록 시선을 유도하고 유지하도록 기획했다.

무엇인지 모르게 함을 통한 크리에이티브

사람은 어떤 사물의 용도를 잘 몰랐다가 깨닫게 되는 순간 새로움과 신기함, 그리고 긴장감을 느끼며 '아하'! 하며 감탄하게 된다. 마치 촌놈 서울 구경 와서 "야 서울은 이런가 보네!" 하며 놀라는 것과 같다.
+
전혀 벤치처럼 보이지 않은 곳에 앉을 수밖에 없도록, 스크린 같지 않은 벽에 프로젝트 빔을 쏘며 결국 그곳에 앉도록 만드는 힘 말이다.

먼저 알지 못할 정도의 당혹감과 신선함

고급 이탈리아 대리석 바닥은 곧 캔버스며 그 바닥을 딱 사람이 앉을 정도의 높이 42cm만큼 투명 아크릴로 띄워 벤치의 기능을 유도했다. 바닥 작품 설명판도 스테인리스로 나와의 거리를 이격시켰다.
+
홀에 있는 용도 모를 작품이고 영상이 켜지면 벤치가 된다. 사실 남 앉기 전까지 먼저 앉지 못할 정도로 신선했다.

[Appendix 2]

세계 디자인 경연장, 베니스 비엔날레 Biennale

비엔날레는 이탈리아어로 '2년마다'(bi+annual)라는 뜻이다. 전 세계의 문화, 예술, 건축, 작품들이 화려함을 펼칠 것이니 이곳에서는 분명히 상당한 디자인적 영감을 흡수할 것이라는 기대감에 가득 찼고, 거기에 폰타지오네 프라다의 존재는 그 기대를 더욱 증폭시켰다.

정신이 없을 정도로 한 곳이라도 더 보기 위해 최대한 빠듯하게 걷고 달렸다. 움직이고 눈앞에 펼쳐진 모든 것은 귀한 디자인 자산이고 선도적 트렌드에 관한 공부였다.

크리에이티브한 예술과 작품 관람이 목적이겠지만, 나는 그 예술을 빛나게 하는 장치와 공간의 기획, 효과를 나타내는 하드웨어 분석, 그리고 내가 앞으로 할 디자인에 대한 구체적 적용 방안이 고민이자 목적이었다.

"디자인은 눈에 보이는 지능과도 같다"

"Design is intelligence made visible."

앨리나 휠러 Alina Wheeler 1948~

세계 디자인의 경연장: 베니스 비엔날레

[Appendix 2]
세계 디자인 경연장: 베니스 비엔날레

비엔날레의 목적과 효과
+

베니스 비엔날레 Venice Biennale 는 현대 예술, 건축, 영화, 무용, 음악 등 여러 분야에서 가장 중요하고 영향력 있는 국제 전시회이다. 1895년에 시작된 베니스 비엔날레는 120년 역사를 자랑하며, 현대 예술의 중요한 변화와 발전을 반영해 왔다.
+

글로벌 플랫폼: 베니스 비엔날레는 각 나라가 자국의 대표 예술가들을 선정하여 국가관을 운영하는데, 한데 모인 다양한 문화와 예술적 표현이 충돌하고 융합되는 고유한 경험을 하게 한다. 또한 단순한 예술 전시회를 넘어, 사회적, 정치적 문제를 다루는 작품들이 많이 등장함으로써 현대 사회에 대한 통찰과 비평의 장을 제공하기도 한다.
+

선도적인 트렌드와 경제효과: 여기서 선보이는 작품들은 종종 세계 예술계의 주요 트렌드를 예측하거나 설정하는 역할을 한다. 수많은 비평가, 큐레이터, 예술가, 학생, 연구자 들이 이곳에서 새로운 영감을 얻고, 베네치아는 그들을 끌어들임으로써 베네치아 지역 경제와 관광 산업에 크게 기여하게 된다.

Photo: Venice Biennal Archive

비엔날레의 메인홀 아레나ARENA

1. 베니스 비엔날레 2015는 Okwui Enwezor가 큐레이터로서 주도했고, 그 해 주제는 "All the World's Futures"였다. 당시 ARENA는 베니스 비엔날레의 상징적 의미를 지닌 핵심 공간이었다.

2. 창의적 동선과 시선 디자인: ARENA 공간 좌우 문Gate 을 복도처럼 관통하도록 오픈 게이트로 직선상에 설계했다. 관람객의 자연스러운 일자 동선과 시선 유도를 통해 자율적 의지에 의한 이동 에너지 손실을 최소화하는 천재적 기획도 실현해 냈다.

3. 공동체의 공간: ARENA는 전통적인 전시 공간이 아닌, 다양한 행사와 토론, 연주, 강연 등이 이루어지는 공동체의 복합 공간으로서 기능을 할 수 있게 설계했다. 사회적, 정치적 토론의 장이 될 수 있었고, 빨간색의 무대와 오색 방석 의자는 활발함과 생동감 있는 공간의 감성을 전달함으로써 방문객이 주제에 쉽게 몰입할 수 있도록 했다. 강렬하게 이곳을 기억하도록 의도된 기획자의 영혼을 담은 공간이었다.

4. 예술의 중심이자 토론의 장: ARENA는 예술의 중심으로서 이곳에서 이루어진 다양한 행사와 활동으로 비엔날레의 주제를 더욱 깊게 탐구하는 데 중요한 역할을 했다. 당시 베니스 비엔날레가 현대 사회와 예술이 어떻게 교차하는지를 설명하려 노력했으며, 국제적인 토론의 장으로서의 아이덴티티를 관객에게 각인시키는 결정적인 역할을 했다.

* Querini Stampalia Foundation은 종종 베네치아 내의 숨겨진 보석으로 불릴 만큼 기대 이상의 만족을 준다. 이 박물관은 1869년 베네치아의 자손 Conte Giovanni의 유언에 따라 설립되었다. 그는 자기의 집을 베네치아시에 기증하고, 그곳을 미술관과 도서관으로 개방하라고 했다. 상설전과 특별전 모두 상당한 수준의 작품들이 전시되어 있다. 이런 것도 참 감사하다.

살면서 과거에도 미래에도 볼 수 없는 하루, 즉 한 번만 볼 수 있는 하루가 있다면 이 작품을 보고 깜짝 놀란 오늘을 1일로 하겠다. #Celeste Boursier-Mougenot은 프랑스의 현대 예술가다. 그의 작품 특성은 언제나 '예외성' 혹은 '의외성'에 있다. 베니스 비엔날레에서 작품 'Revolutions'은 라르카세(larch) 나무 수종을 사용했다. 스스로는 움직일 수 없지만, Boursier-Mougenot는 나무의 뿌리와 흙덩이에 바퀴를 달아 움직일 수 있도록 했으며, 상당히 진지하게 생긴 나무는 바퀴에 의해 계속 패턴을 그리듯 돌아다니며 관람객들의 시선을 몰입시키고 있었다. 당시 너무 신기하고 멋졌다. 작품은 '자연'과 '기술', 그리고 '두 세계 사이의 경계를 탐색함'이 중심 개념이다.

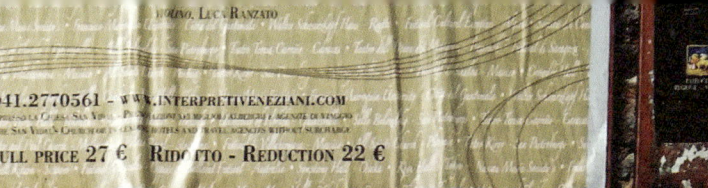

포스터 배경에 화려한 색이 없는 경우라도 색을 많이 사용하면 안 된다. 한두 색이 추가될 때마다 정보의 복잡한 위계 관계를 따져봐야 하고 포스터 디자인은 점점 달성해야 할 목적을 벗어나기 시작해서 실패할 확률이 높아진다. 인간의 뇌는 늘 '인지적 구두쇠' (Cognitive Miser) 짓을 하기 때문이다.
위 포스터는 배경색이 화려하지 않지만, 타이포그래피는 오직 흰색으로만 표현했다. 이것도 강한 증거와 예시일 것이다.

베니스 비엔날레의 첫 번째로 인상적이었던 공간

가장 놀랐고 신기했고 인상적이었다. 벽, 천장, 바닥까지 동일했다.
그리고 사람들은 이곳에서 엉뚱하게 해변 썬베드에 누워 지중해 바다
영상을 감상하고 있었다. 그들의 기발한 의외성에 난 또 쫄았다.
+
이 공간도 너무 매력 있었다. 남들 가지 않는 'STAFF ONLY' 문을 열고
뒤져서 파란 불빛을 내는 전기 배선 구조를 몰카 했다.

베니스 비엔날레에서 두 번째로 인상적이었던 공간

소 200마리 정도 키울 수 있을법한 우사, 혹은 과거 농기계 창고 정도 되는 공간에 웅성웅성 사운드가 독특한 느낌을 연출하고 있었다.
+
10미터 정도 간격으로 삼각대 스피커가 있었고, 각자의 소리가 메시지를 전달하고 있었다. 주제와 대본이 패널에 있어 집중하면 읽을 수 있었으나, 무엇보다 전체로 울려 퍼지는 분위기가 압도적이었다.

대상의 치환과 응용; 홍보관

바닥은 흙모래나 나무 톱밥 같지만 각 지역 홍보관의 농산물, 콩, 쌀 겨로 치환하고 응용해 보자! 뒷벽에 알록달록 페인팅은 화려한 한복 옷감이나 종이 같은 특산품의 훌륭한 전시 방법이 될 것이다.
+
아까운 시간을 낭비하고 있다면 지금 당장 가까운 미술관, 갤러리 같은데 많이 다니면서 보고 응용하는 훈련을 해보자.

홍보관을 보여주는 방법

한우 가죽 공예 작품을 액자 안에 전시하면 어띨까? 만약 지자체의 슬로건이 '힐링'이면 힐링 종자식물을 예술적으로 표현하고 스토리로 엮어 즐거운 콘텐츠로 전시해 보자 너무 멋지고 흥미로울걸?
+
지역 특산품이 인삼이라면 씨앗부터 6년근 인삼이 되기까지 과정 소개도 좋다… 전시 방법의 변화와 방법이 핵심이다.

세 번째로 인상적이었던 공간, 아레나 ARENA

강당은 들어갔다 나오는 곳으로 생각하고 일반적인 설계도 그렇게 이루어진다. 그러나 이 공간은 달랐다. 이탈리아 천재가 생각했던 이 공간은 좌에서 들어와 우로 지나며 관통하는 통로의 공간이었다.
+
나지막한 다목적 무대에 남녀 둘은 무언가 계속 메시지를 전달하고 있었고 그 모습은 매우 비장해서 뜻 모를 감동이 오늘까지 넘쳤다.

이 공간은 정말 그대로 옮기고 싶었다.

나와 함께 간 지인은 나의 설계 조력자가 기꺼이 되어 주셨다. 줄자로 치수를 몰래 잴 때 비엔날레 관리자들의 시선을 분산시키거나 당신의 작은 몸으로 내 모습을 최대한 가려 주셨다.
+
마치 파독 광부, 간호사 첩보원, 혹은 문익점이 원나라 목화씨를 가져오고픈 마음과 애국심이 아마 똑같았을 것이다.

좋은 감동은 오래 기념하게 해야 한다.

좋은 감동은 오래 기억하고 기념할 수 있게 해야 널리 퍼진다.
기념품 숍이 없는 박물관 미술관은 모두 가짜라고 해도 무방하다.
+
'요요'가 5유로로 비싸지만 비엔날레 로고가 있으니 관람객들은
기꺼이 5유로를 지불한다. 연필 한 자루도 비싸게 2유로지만, 내
책상에서 1년 동안 베네치아를 기억하며 즐겁게 해줄 것이니 상관없다.

기념도 목적이지만 결국은 홍보와 브랜딩이다.

티셔츠를 조금만 더 재미있고 즐겁게 꾸며보자. 황금 사자 로고를 정교한 치수와 위치에 새겨서 멋스러움으로 승부해 보자.

+

연필 팔아 얼마 남겠냐고 생각하겠지만, 이 연필 때문에 2년 뒤에 베네치아를 다시 찾게 될 관광객을 생각해 보자. 기념품은 수익보다 그 기념품이 가져다줄 무형의 홍보가 더 크다. 그것이 브랜딩이다.

맺음 말

[맺음말]
여행과 디자인 시리즈 01. 이탈리아를 맺으며

디자이너의 여행과 지식의 재산

+

"사회 문화적 가치를 지니면서 공익의 목적으로 활용될 수 있도록 기여할 수 있어야 한다." 좋은 연구의 주제를 고민하는 학생들에게 강조하는 말이다. 저마다의 삶의 행동에서 추구해야 할 본질적인 의미라고 생각된다.

+

여행을 통해 즐거움을 찾고 휴식을 찾는 것 그 자체로 이미 충족된 것이기도 하지만 여행은 디자이너의 재산이고 공부다. 벼락치기도 좋지만 평상시에 자주 여행하며 안목과 경험, 그리고 실력을 쌓아가자.

+

여행과 디자인이 동의어라고 했지만. 디자인은 이후 행동과 변화된 결과물로 남는다. 꼭 그렇지는 않아도 결국에는 무의식 속에라도 반드시 반영된다. 특히 디자이너의 여행이라면 꼭 변화와 자신의 성장 지수의 축적이 있어야 할 것이다.

+

그리고 꼭 그 여행을 통한 지식의 재산을 활용하고 응용함에 도전하길 바란다. 지금 당장 목표가 없어도 된다. 여행해서 남 주는 것 아니듯 쌓아서 써먹어야 할 중요한 시기와 기회가 왔을 때 꼭 활용할 수 있기를 바란다.

"여행하는 것은 곧 살아가는 것이다."

"To travel is to live."

한스 크리스티안 안데르센 Hans Christian Andersen 1805~1875

여행과 디자인 그리고 새로운 경험

여행은 새로운 디자인의 시작이다. 여행은 새로운 시각을 제공하며, 여행과 디자인은 함께 끊임없이 우리의 경계를 넓혀준다. 훌륭한 여행 또 훌륭한 디자인은 새로운 지평을 발견하는 과정이며, 새로운 감각을 만드는 방법을 알려준다.

다시 한번 강조해 본다. 여행은 우리에게 또 디자이너들에게 필수조건이다. 다른 문화를 경험하고 다른 삶의 방식을 봄으로 인해서 짜릿한 '발견의 기쁨'을 찾아보자.

+

"여행하라 그리하면 디자인이 응답하겠고 네가 알지 못하는 크고 비밀한 것을 너희에게 보이리라!"

김거수

"This work was supported by 2023 Hongik University Research Fund"

감사의 말

그라찌에 Grazie

[감사의 말]

주님께 영광을 돌리며 사랑하는 아내 한지수와 가족에게 감사함을 전합니다.
늘 응원해 주시는 김대수, 김덕수, 김필수 형님 누님께도 감사드립니다.

특별히 저에게 언제나 멘토로서 조언과 지혜를 주시는 홍익대학교 **권현창 교수님**,
공감과 용기를 주시는 홍익대학교 **정재희 교수님**께 진심으로 감사드리며 자료조사로
도움을 준 홍익대학교 산업미술대학원 브랜드패키지디자인 전공 **정수지 조교**에게, 또
기쁘게 추천사를 써 주신 국민의힘 **하태경 국회의원님**과 항상 응원하는 친구 전 국민의힘
중앙윤리위원장 **김관하 변호사**에게도 진심으로 감사를 드립니다.

이 책을 위해 큰 깨달음을 주신 **정우성 변리사님**께도 고마움을 전합니다.

여행과 디자인을 사랑하는 독자들에게 작은 도움이 될 진심으로 바라며……

"인생은 짧고, 세상은 넓다. 그러므로 세상 탐험은 빨리 시작하는 것이 좋다."
"Since life is short and the world is wide, the sooner you start exploring it, the better."

시몬 레이븐 Simon Raven 1927~2001